LOOKS OF
PHILOSOPHY

The new Categories in Civilization Change

哲学的样子

文明变化中的新范畴

孙 津 著

团结出版社

图书在版编目（ＣＩＰ）数据

哲学的样子：文明变化中的新范畴 / 孙津著. --
北京 ： 团结出版社，2022.1
　　ISBN 978-7-5126-9248-0

　　Ⅰ. ①哲… Ⅱ. ①孙… Ⅲ. ①哲学－研究－中国－现
代 Ⅳ. ①B262.5

　　中国版本图书馆 CIP 数据核字(2021)第 224663 号

出　　版：团结出版社
　　　　　（北京市东城区东皇城根南街 84 号　邮编：100006）
电　　话：(010) 65228880　65244790　（出版社）
　　　　　（010) 65238766　85113874　65133603（发行部）
　　　　　（010) 65133603（邮购）
网　　址：http://www.tjpress.com
E-mail：zb65244790@vip.163.com
　　　　　tjcbsfxb@163.com（发行部邮购）
经　　销：全国新华书店
印　　装：三河市东方印刷有限公司
开　　本：147mm×210mm　　　32 开
印　　张：5.625
字　　数：116 千字
版　　次：2022 年 1 月　　第 1 版
印　　次：2022 年 1 月　　第 1 次印刷
书　　号：978-7-5126-9248-0
定　　价：38.00 元

目 录

导　言

　　为什么要说哲学的"样子"呢？因为哲学的作用以及它的实际应用形态都发生了很大的变化。这些变化是世界的整个文明变化造成的，所以也就产生或形成了相应的新的基本范畴。作为理解和交往的话语支撑，这些基本范畴其实也就是文明变化所需要的哲学工具。然而，学界似乎并没有清醒认识到这个变化，而且文明进程也带着很大的盲目性。因此，需要对阅读《哲学的样子》做一些导引式的说明。

第一、关于文明

　　我们知道，对于"文明"这个概念或术语历来就有着一些不尽相同或不尽一致的理解和运用，不过在这本小册子里，文明指的就是人类创造出来的一切东西及其对它们的应用，包括知识、技术、方法、过程、实物、作用、需求、评价等各种相应的创造形态。比如，人创造了汽车和火车，于是就有了汽车文明、火车文明，或者某种交通文明，其含义包括人对它们的知识理解、使用方式、依赖程度、褒贬看法、新的需求等。这样的文明变化是很明显的，而且总是一种自觉的创造，比如货币方面从金属货币、支票（银票）、纸质货币、信用卡、支付宝、微信、直到各种数字货币和加密货币等。由此，既然文明是人自觉创造的一切，它所表示的就是某种存在状况，所以这里讲的文明本身并无好坏善恶的属性。

所谓人类创造的"一切"，不仅指物质形态的东西，也包括观念形态的东西，比如理论、价值观、文学、艺术、信仰、情感等。不过，这些观念形态的东西更像是一般所说的"文化"，而文化又是一个更加差异多多的概念或术语，所以除非专门论述（比如第五章的"哲学文化"）需要加以说明，我就把这类文化也装在文明的概念中，不做区分。

但是，"文明"确实也常常在"好的"和"值得的"等价值或道德意义上被使用或移用，比如"精神文明"就是这个意思。如果不是这样，精神文明就等于与物质文明相区别的另一种文明形态，也就类似于上面说的"文化"了。又比如，公益广告语"用公筷更文明"中的"文明"也是精神文明的"好的"的意思，不然这句话就是错的，因为用公筷是由于这样可以"更安全"，与文明与否没关系。因此，为了概念清楚，也为了表述方便，我在这里不采用文明的这种移用含义，不管它是好是坏或与道德有关与否。

第二、关于文明变化

如果事物总是要走向反面，那么文明也不例外。其实这一点并不难理解，因为至少根据热力学第二定律，能量的活动总是使既定的存在结构走向无序，直至粉碎。作为能量的一种存在形式和转换形态，生命很可能只是靠着遗传密码的稳定性才延缓了自己走向"粉碎"的进程，但生命个体依然逃不掉周期性的死亡。文明是人创造的一切，当然也就包括人自己的再创造，不过尤其指供人生活其中的结构性和功能性存在。因此，创造本身也就是各种变化的过程，而这里所谓文明变化的含义集中到一点，就是指人类不会休息了。这种不会休息包括方方面面，也就是人的自觉创造变成了异己的力量，不仅使人歇不下来，而且认为停歇休息是不道德的，所以连想都不该想、甚至不允许想。这个变化的过程大致可分为三个阶段，并仍在继续加速度，也许直到人被不必要的操劳和竞争累死。

第一个阶段从 19 世纪中期开始。由于资本主义列强对世界范围的殖民地已经瓜分完毕，工业化国家之间的争斗进入帝国主义阶段。在这一时期，全球范围的民族矛盾和阶级斗争日趋激烈，要求独立解放的一方希望自己尽快强大，而施加压迫剥削的一方则希望自己更加强大，于是都必须全力投入科学技术的加速进步和物质财富的加速增长。第二个阶段从 20 世纪 60 年代初开始，全球殖民体系的崩溃使得现代化竞争成为可能，及至 90 年代中期，这种竞争已经形成文明的常态模式。不仅所有国家都卷入了现代化运动，而且不进则退的生存境况迫使个人也不得不从刚出生、甚至胎教开始就努力拼搏，就像广告说的那样"不能输在起跑线上"。于是，整个文明的价值观就在于，国家不竞争和个人不拼搏不仅都是不安全的，而且都是不道德的。

变化的第三个阶段直到今天仍在继续，即人类文明进程已经进入不可逆的加速度，而全球化、信息化、数字化、人工智能化等等不过是支撑这个加速度的各种技术手段。所谓不可逆，不仅指技术本身的机制以及获利赚钱的必须，更重要的是人的观念变化，也就是几乎所有人把这些都看成是文明的"进步"。由此，科技是为创造和增加财富服务的，而财富多了当然就要消费，否则无法再赚钱，也就无法再增加财富。于是，就想方设法、挖空心思促进消费，尤其是高消费，而且为了使人相信，就说要提高生活的便捷化程度和质量以及幸福感。这样一来，不仅创新、生产和服务不得停顿片刻，就连消费本身也成了休息的异化。比如，最大和最有力的消费就是旅游，但它现在实际上已经成为一种责任、一种时尚、一种程式化的疲于奔命，尤其是还要受到假期的约束和限制。又比如，应用于生活的各种便捷化技术和服务越来越多，技术水平也越来越高，但是即使这些服务能够节省一些工作和生活的必需时间，绝大部分也都用来玩手机了。其实，玩手机和便捷化是同一种生存性质及形态，即不会休息、懒得休息、不能休息。

　　或许，有反对意见说，这是一个自律的问题，即并不是所有人都有玩手机的习惯，况且看手机也是为了知道"有用"的信息或知识。然而正因为如此，"玩手机"作为文明变化的实例才具有极其重要的性质特征。某一时段迫不得已的加班加点或许仍能算作正常的行为，而赌博和吸毒上瘾则是不道德的行为，但它们共同的一点在于其不休息都是对象性的，也就是有明确对象以及目标或目的的。玩手机与此完全不同，它是非对象性的需要和习惯，也就是必须随时随地用外在的各种"信息"来填充已经空虚了的生命。在这个意义上讲，玩手机这个实例所标明的是生命存在对于异己信息的依赖，所以不仅从性质上就排斥了"休息"的存在意义和必要，而且使人自觉不自觉地把自己变成了行尸走肉。其实，"自律"与否的看法本身已经是认同存在"玩手机"的现实以及这种状况是"不好"的这个前提了。因此，这里的论题并不在于用手机看"八卦"还是长知识哪个更合理，而是说玩手机这个行为典型地或富有特征地展示了人类已经不会休息的现实。

第三、关于文明与哲学

为什么哲学会随着文明的变化而变化呢？因为文明的变化是人的行为结果，所以需要发明相应的道理来支持和解释其中的道理，尤其是给这种变化以合理性。因此，这种哲学变化并不是指哲学变成了别的什么东西，而是指随着文明变化而产生的某种功能性旨向，并将此用来作为新的解释和道理的支持。

之所以说哲学是专属于人的，在于人总是以自己为标准来看待世间万物，包括所谓客观规律。比如，就人类从宇宙中产生出来的条件和生存进化的环境来讲，太阳、地球和月亮的各自质量、体量、位置以及相互距离都刚刚好。如果地球直径大一倍，人就会因为气压增大而只能整天躺着；如果增大两倍，月球就会更靠近地球，从而氧气因浓度增加成为毒气，潮汐也会高达数百米。显然，这种"刚刚好"和"如果"对自然界都无所谓。比如，上述变化对很多昆虫的影响并不大，至少它们仍能够活着，而对于大地山川来讲，更是无所谓作为固体石头还是液体岩浆、待在陆地高山还是海洋底部，甚至粉身碎骨而消失。由此也就不奇怪的是，对于这种万物安置的"刚刚好"，人不由得想起有一个全能的上帝。

但是，正由于"刚刚好"是针对人而言的，所以人只要求和允许自己改变现状，却希望自然保持原貌不变，实际上是保持人所愿意的状态。因此，人就要求保护环境和生态，欢迎祁连山的雪豹和中俄边境的东北虎数量增多，希望澳大利亚的大堡礁不再萎缩和停止白化，甚至巴望厄尔尼诺现象这类东西尽快消失。但是对于自己，却说要保持好奇心、要满怀信心地去发现、去创造，而且这些要求和做法还要被理解。对于人与其他存在这种似乎矛盾的境况，人必然寻求某种解释，也就是从为善为好的价值观、甚至客观规律的意义上做出相应的新解释。因此，哲学的变化也不在于发现或发明了什么道理，而是文明的变化生成了与之相适应的道理，所以必然会有作为所有这些道理的概念支撑和话语参照的新范畴。

比如，不管怎样对待"发展"，总之只有在承认"发展"这个概念并在大体相同的意义上使用它的时候，当今世界的很多事物，尤其是现代化和国际秩序才是可以理解的。换句话说，离开了"发展"这个意思及其运用，当今世界的一切都是不可理解的，甚至是不可想象的。在此意义上讲，当今文明的境况已经产生了一些结构性的基本概念，而它们必然依据相应的范畴运用才是真实有效的。因此，不管自觉与否，很多话语和很多事情并不一定直接言说或运用类似"发展"这样的概念，但很可能都是以它们的意思作为意识和思维的标准性参照或工具的，就像"时间""地点""数量"这些范畴的使用一样，不一定要说出来，但却一定离不开。

第四、关于新的基本范畴

之所以说这些基本的哲学范畴是"新的"，一来因为它们是伴随着文明变化形成的，之前不曾有过，另一是因为哲学界似乎也未曾见到过这样的说法。

面对文明变化，传统的和"纯粹"的哲学研究当然可以继续，但总的来看哲学研究的现状是不负责任的，即不应对现实，尤其是放弃了伦理担当。人对于哲学所持的普遍看法或认识在于，如果所有事物都是有道理的，比如具有根据、逻辑、规律等说法，那么哲学就是指道理的道理。有一个真实的故事，就是我在回答一个美国人说我的职业是研究哲学的时候，他不屑地耸耸肩说："什么事情都是哲学。"（Everything is philosophy.）我知道他在鄙视哲学，至少是鄙视我，其原因就是认为哲学不关心现实，不解决实际问题。但是，要想有所作为，首先就要弄清楚现状，而新的基本范畴就是针对变化的现状而言的。

真实的哲学就是具体的道理，变化中的文明也需要自己的道理，而在这里所说的就是各个领域相应具有的自己的道理。哲学有自己的范畴，但哲学如果是"有用的"，首先就要在人类生存和活动的各主要领域具有自己的应用范畴。因此，我这里说的不是政治哲学、逻辑哲学、教育哲学，甚至艺术哲学这类哲学的"分支"或"交叉"学科，而是哲学在各领域的形态及其作用。如果说这些领域主要包括政治、经济、社会、文化等方面，那么相应的哲学形态就可以叫做哲学政治、哲学经济、哲学社会、哲学文化等。当然，还有哲学本身，作为各领域的统摄。

随着文明的变化，每个领域在讲道理的时候都有自己的基本范畴，也就是该领域的各种话语都围绕和依据的核心含义及概念。反过来讲，由于范畴是概念的概念，或者形成概念的工具，各领域总是会有一些相应的基本范畴，才能够形成和运用对于该领域的理解、表达、指令、运作。由此，本书针对变化中的文明，分析讨论哲学在政治、经济、社会、文化等主要活动领域的作用及形态，并指出它们相应的四组基本范畴，即发展与溃灭、划算与竞争、直接与间接、界限与自由。不难看出，与其他三组基本范畴的对应类型不同，划算与竞争是并列的，而这是由经济的特殊性决定的。至于哲学本身，它的基本范畴是问题与答案，而这种情况从人类发明哲学开始就是如此，不过其特征在今天更加突出了。很显然，作为统摄各领域哲学形态的哲学本身，问题与答案同样也是各领域统摄性的基本范畴，也就是对它们都具有相应的普适性。不过，问题与答案，尤其是为什么一个问题有多种答案是一个专门的话题，我正在另文专著。

第五、关于各章结构

全书共分五章，第一章讲整体性和统摄性的哲学本身及其基本范畴，其他四章的关系是并列的，分别讲政治、经济、社会、文化四个领域的哲学情况及其基本范畴。

　　这五章也就是五篇论文，但这种情况并不等于论文集汇编，因为各篇的内容从一开始就是按照同一主题和完整著作的方式来分工安排和写作的，而且由于它们各自独立成章，更可以方便读者做选择性阅读。当然，也正由于它们是相对独立的论文，难免有些主题交叉的情况，也就是不同的章节可能论及到同样的问题，比如"哲学本身"和"哲学文化"都谈到语言问题、"哲学政治"和"哲学经济"都谈到发展问题等。但是，这种情况很少，而且角度不同，说明的方面和道理也不同，所以基本没有重复的表述。

　　当然，依不同领域来讨论基本范畴只是一种分析角度，同时也是为了写作方便，因为这些领域的划分已经成为习惯，而且从经验层面讲，人们对它们的含义理解和范围把握也是大体一致的。因此，并不排除从其他的分析角度或分类标准来讨论当今文明变化和哲学范畴等情况或论题。

哲学本身：问题与答案

　　问题是人制造出来的。问题的含义是"为什么"，答案的含义是"有"，所以问题预设了答案。哲学本身是指哲学所是的及其特性，而哲学的本质性功能在于说明问题和答案。这种说明包括两个基本作用，即解释和改造。解释的困境在于难以找到或把握存在的最小单位，以及意义没有适合或属于自己的语言；而改造的可能则主要取决于认同和习惯。当今世界的变化已经使哲学的说明功能体现为各活动领域的价值意义及行为导向，而问题与答案则成为哲学本身的两个基本范畴，并对所有领域具有普适性。每个问题都包含多个答案，这种情况可以分为很多类型，比如认识存在的答案、形成认识和行为的答案、先验的逻辑分析和经验的综合判断的答案、性别的答案、神秘的答案等。

所谓哲学本身，是指哲学所是的那个东西，以及达致这种所是的过程的特性。这个含义包括两个方面，一是指哲学之所以为哲学，也就是所谓元哲学，另一是区别于其他领域的哲学领域，但这两方面共同的基本范畴都是"问题"与"答案"（为了节省字符和阅读流畅，以下除非必要将不再为问题和答案二词加双引号）。

"问题"一词的用法有很多含义，比如发问、问询、难题、麻烦、矛盾、关键、重点、事务、事物等，甚至为了省略而作为指示代词和冠词用，表示"这个"、"那个"等。从社会学的角度讲，问题表示某种重大的情况或严重的事件，以至于如果不去处理它就会导致相应既有结构的变化，比如革命问题、农民问题、税收问题等。所有这些问题的意思都具有或暗含一个共同的意思，即"提问"，也就是提出或设置问题。这种提出或设置使得相应的"问题"成为一种动词性的名词，即表示这个词的运用已经具有或经过了对其所说内容的判断，也就是"为什么"。之所以说动词性名词，是因为言说或确定某个东西，都潜藏着对这种言说和确定的判断，也就是必须有"是"什么的含义。因此，就哲学本身来讲，问题的含义就是表示所要确定的东西，也就是所要提问的题目或论题，与此相应，答案就是针对提问所给出的回答，其内容包括已经和可能存在的东西，或者说各种具体的境况。由此，问题在哲学本身是被设置的，意指"为什么"的"是"，而答案则是被问题预设并包含的东西，也就是各种"有"的"是"。换句话说，"答案"不过是问题本身的展开，也就是该问题所要求的相应的回答，比如对问题内容所做判断的根据，以及问题的对象、目的、特性、方式等，所以相对说来各种答案都是名词。

从思维与存在的一致性来讲，不仅哲学要提出问题和给出答案，更准确地说哲学本身就是问题与答案的接续，或者可以借用数学概念比喻为问题与答案的连续统。因此，问题是人制造出来的，而且问题的提出才预设并包含了答案。属人的哲学的本质功能就是说明问题和答案，也就是对问题和答案的理解和表达。这种说明包括两个基本内容，即解释和改造，而根据人的需要，哲学也就分为两种不同的形态及其功能，即解释的哲学和改造的哲学。由此，问题与答案的真实意义都是经由哲学而得到体现的。

相对说来，所谓元哲学的功能在于解释，好像以一种中性的态度去弄清楚对象是什么样子，而领域区分的哲学的功能则侧重于改造，也就是要求按照对的道理去做什么。但是，对于这两方面所设置的问题的答案都不止一个，也就是每一个问题都包含多种答案。为了论述方便，以下先从解释世界和改造世界两个方面说明哲学对于"问题"的设置，然后再结合变化了的现实说明同一问题具有不同"答案"的主要情况或类型。

一、解释的困境

解释总要有其对象，也就是某种存在，而这个存在如果是真实可靠的，那它最好是不依赖人的客观物质。另一方面，解释总要有自己的思维和表达工具，也就是语言。正因为如此，恩格斯才说思维与存在的关系是哲学的基本问题。① 显然，这个关系本身属于认识论，而由于这个认识的前提恰恰是对于物质性"存在"的确定，所以这个确定本身也就具有了本体论性质。哲学在确定存在方面必须做两件互为表里的事，就是既要找到最小单位的存在，又要提供能够准确表达所指的语言。但是，解释的困境恰恰也就主要集中在两个方面，即一是难以、甚至无法真实"看到"或把握最小的物质单位，另一是语言表达的不准确性，尤其是没有属于表达"意义"的语言。

要对存在做解释，前提是存在本身必须"有"，所以一直以来哲学史就不懈而顽固地论证和寻找最小单位的存在。显然，这种存在必须看得见，能经验，所以类似"上帝"那样的东西就不在此列，但并非不可论证。托马斯·阿奎那早就指出，上帝不是物质存在，但惟其如此，上帝可以就其作为存在者而从五个方面加以证实，即事物的运动变化、动力因的性质、可能和必然性、真实性的等级、世界的秩序。但是，上帝本身作为存在者还是无法经验，所以更明智的办法是将此剔除出哲学。比如，邓斯·司各脱认为哲学并不能证实上帝存在，而且上帝也不是形而上学的主题，所以人虽然可以凭着理性来认识确定的原理，但并不能认识上帝的真相。其实，不仅上帝，这类看不见摸不着的东西很多，比如真理、信仰、认识、幸福等。但是，它们也是有的，而且只是"有"，也就是它们自己所是的东西，哲学要做的恰恰是说明我们如何认为，或者知道它们

---

① 恩格斯. 马克思恩格斯选集：第四卷 [M]. 北京：人民出版社，1972：219.

是"有"的。比如，巴克莱主教就直接断言，存在必须也是有，就是能够被感知，所以出了门就不能确定屋子里的桌子仍然存在。[①]因此，人们就希望能够找到最小的存在单位来支撑对于"有"的根据，而且这些存在应该是看得见摸得着的，否则总是难以说服人。

尽管上述那些思辨已经成为"古代"的遗产了，但是唯物主义与唯心主义的区别并不在于是否承认物质的存在，而在于物质和精神何者为第一性，所以并不影响各种主义对于最小单位的物质存在的寻找。随着科技手段的进步，现在关于"物质"问题的答案不能仅靠思辨，更要通过经验的技术手段，尤其是物理学和基本粒子物理学的实验。大体说来，这个"最小"单位已经进入到量子物理学的程度，但是不仅作为"最小"的东西本身就有一大堆，所以只能叫做"极小"，而且这些极小的东西反而越来越使物质变得不稳定了，或者说显露出最小单位存在的物质不稳定性。正因为如此，这里使用最小单位"存在"，而不说最小的"物质"或"实体"。

比如，波粒二象性的发现表明，在极小存在单位的物质世界，所有粒子或量子都可以或者部分地以粒子，或者部分地用波的术语来描述，所以也就迫使我们用两种互相矛盾的观点来描述同一个现实。同样，根据测不准原理，我们不可能同时知道一个粒子的位置和它的速度。事实上，如果维持物质不灭的定律，或者说使物质不灭与物质无限变化相一致或相协调，极小存在单位的微观世界似乎

---

① 西方哲学原著选读 [M]. 北京大学哲学系外国哲学史教研室编译，北京：商务印书馆，1981：261-265、279-282、502-503.

只能求助于某种"量子语法",从而在概率分布的意义上来说明电子的"存在"。比如,为了说明粒子的存在,现在至少包括 4 种分类表达,即具有自旋动量的玻色子和费米字、包括介子和重子的强子、轻子和夸克、反粒子。这 4 种划分的根据并不在于各种粒子的大小或轻重,而在于将它们都作为基本粒子的同时,从不同的观点所做的纯形式归类。

但是,即使找到了"最小"单位的物质,它们之间的"虚空"或"距离"又是什么呢?当然,这里也有着"表述"或"假设"的局限,比如如果能量本来就不确定,其守恒定律也就无从谈起。不难理解,所有真实存在的东西都有时长,也就是"寿命",但这种时长的真实性甚至也只取决于理论推算。比如,质子属于重子类,也算是最小单位存在的一员,由两个上夸克和一个下夸克通过胶子在强相互作用下构成。根据相应的衰变理论,在概率的意义上平均 1031 个质子可能有一个的衰变期为 1 年,所以反过来——其实就是用精确的数学换算式——也可以说质子的平均寿命长达 1031 年,然而宇宙的年龄不过才 1010 年多一点(大约 137.8 亿年)。这个矛盾表明,所谓质子的物质性不过就是它的存在方式,所以与物质的不稳定性相一致,时间的真实长度对于不同的存在也可以是不一样的。

也许,上述种种佯谬只是表明,物质的运动在极小的微观世界与宏观世界来讲很不一样。比如,如果说原子核中质子数目决定其元素的种类以及它属于何种化学元素,那么,化学元素周期表也可以看作根据物质不稳定的大概率而推测或计算出来的存在形式,而不是固定的作为最小单元存在的所谓物质元素的位置排列。与化学元素周期表类似的情况还有生物学周期表，也就是表示蛋白质中氨基酸的排列顺序的遗传密码表。其实，不仅仅是最小的单位存在，最大的宇宙的情况也是一样。比如，巨大的东西也会因为距离太遥远而看不见，即使再高倍数的望远镜或什么精密仪器也不能直接看见，于是只能依靠间接推算，甚至猜测，包括用可见光波段的红移推测电磁辐射的频率，再算出相应对象的质量及距离等方法。

不管是由于观点的不同还是手段的精密，总之关于最小单位存在的疑问似乎越来越多了。运动中的东西是什么，是运动"构成"了最小单位存在，还是有某种东西"填充"了运动？相应地，是时空"容纳"了什么东西，还是最小单位存在"延展"了时空？其实，这些疑问不仅针对最小单位存在，即便是大分子水平的蛋白质，其生命的延续也不是完全连续的。比如，病毒没有生命，却能够进入宿主生成另一种生命，也就是疾病。病毒仿佛在下达"命令"给别的东西的细胞，让它们养活并繁殖病毒的线状核酸，而病毒自己却死了，或者说只剩下蛋白质构成的空壳。再者，病毒还能够长期（或者说是不定期）"潜伏"在某种细胞内，直到发生某些"外部"的干扰，病毒才使得细胞"发病"。不过，生物化学、遗传学、病毒学等相关科学技术对此也还没有完全了解，也就是从理论到实践都还不能在父本或母本生出下一代的意义上找到或把握病毒的代际接续。

看起来，真实的情况在于，随着科技手段的日益先进和发达，人们对于最小单位存在乃至整个物质世界的看法和理解将会越来越多样，因为这种存以及整个物质世界也将以越来越多的样貌向世人呈现。既然如此，也许从有"意义"的角度讲，我们维持在分子水平理解有关物质的问题就够了。换句话说，有意义的认识，尤其是它的真实性和有效性基本上都是针对中观的、甚至日常经验层面的存在而言的，所以并不一定、实际上也没有必要追寻到微观世界的最小或极小单位，或者巨大而遥远不可及的宏观世界。

然而，恰恰在中观世界里，语言作为思维与存在关系的基本运动形式成为解释的困境的另一个重要场域和原因。语言和存在是直接关联的，也就是表述本身潜藏着判定。比如，假定一个人说"知道"的时候他是真的知道了，但如果表述不清楚或别人不理解，怎么知道他是否或已经"知道"就成了问题。然而，表述并不是完全主观的东西，表述的准确与否直接涉及到表述的方式，甚至词语的顺序。在这个意义上讲，语言好像有一套自己的表述规则，能够规定所说话语的意思。比如，在"什么是哲学"的表述中，"哲学"是已定的，所以"什么"也只能有一个意思，或全称判断；而在"哲学是什么"的表述中，不仅"哲学"是未定的，而且"什么"也可以、实际上也是多重含义的。正是这些规则，制约着对所说东西进行判断的方向或顺序，即只能从少的说到多的，却难以反过来说。比如，只能说"太阳是恒星"，不能说"恒星是太阳"，因为恒星很多，太阳只有一个。同样的情况比比皆是，比如只能说"苹果是水果"，不能说"水果是苹果"，只能说"北医三院是三甲医院"，不能说"三甲医院是北医三院"；只能说"中国特色社会主义是当今的社会主义"，不能说"当今的社会主义是中国特色社会主义"。但是，用从少说到多的方式来下定义肯定不行，因为这样就导致存在不止一个说法和意思的可能。比如，除了说"太阳是恒星"，至少还可以说"太阳是一个直径 1392000（1.392×10^6）千米、内部有着核聚变、表面温度大约 6000 摄氏度的星球"等。

不难理解，做判断、讲道理往往需要对所说的东西下定义，然而这是一个极为困难的事情。除了语言的规则，不得不从少说到多的原因还在于那个拿来做定义的东西必定是已经所是的东西了。然而正因为如此，从少说到多就可能导致多种意思，就连哲学本身的定义也是如此。比如，可以说哲学是道理的道理，也就是词典里说的自然科学和社会科学的"结晶"，然而是这种结晶的东西很多，包括"智慧""游戏"等，并非只是哲学。这种两难境况表明，定义的根据和意义其实都在定义之外。如果真的是这样，我们实际上没法下定义，而只是做判断罢了，并引起对这个判断是什么意思的争议，当然也就是设置问题。

从分类学的角度讲，下定义的困难在于如何理解类和属的关系，而这在哲学史上的最突出体现也许就是如何安置"共相"（universal）。当然，共相其实已是古代的哲学用语了，简单地说就是指"普遍"或"一般"。在今天，也许除了佛教还在讲"自相"和"共相"，哲学上无论唯物主义还是经验主义，只要主张一般寓于特殊，"共相"就不可能是独立的存在。但是，怎么知道有共相这种东西呢？只有一种可能，就是"意义"的作用。意义是有内容的作用或作用因素，而"含义"是对于内容的表述。两者都可能真，也都可能假，但含义是客观的，而意义却很难有主观与客观的区分，或者说意义是排斥主观与客观的区分的。比如，时间是客观的，但这种客观性在表述的时候只能或必需相对时间与空间的关系而言。这样讲的根据并不在于爱因斯坦的相对论，而在于对于意义来说，时间的内容、甚至时间得以成立的根据都是"记忆"。因此，从意义的角度讲，没有记忆就没有时间，而且即使记忆的内容是客观的，记忆本身却是主观的。至少，从人无法以尚未到来的时间（也就是"未来"或"将来"）作为任何当下活动的根据这一点来讲，所有的活动（思维、表达、指令、理解、交流、行为等）都是根据记忆做出的。根据同样的道理，我们能够想象"未来"或"将来"不过是因为"提前"使用了记忆而已。

也许正是语言对于解释世界的极端重要性，使得所谓"语言学转向"成为 20 世纪西方哲学史的重要特征和事件，而且西方哲学还以此为荣。维特根斯坦对自己早年的逻辑主义的修改甚至否弃，完美地体现了哲学史的语言学转向，即从方法论的角度追究语言为什么以及怎样成为工具的。蒯因（又译奎因）的观点前后也不尽一致，但是他始终坚持把语言当成本体意义的存在。事实上，他们从不同的角度都揭示了"意义"的真实性，以及对语言运用的重要性。如果说维特根斯坦的贡献在于揭示单个语句的局限，从反对形而上学的角度强调话语的意义，那么蒯因的整体主义其实是看出了语言逻辑不能解释话语自身，所以从本体存在的角度转向了语词的实践性"意义"。因此，不管蒯因给自己的论文集取名《从逻辑的观点看》是否来自一首即兴小调的灵感，总之仅"从逻辑看"确实是不行的，因为所指的东西必定有其来由才是真实的。

人总要说话，而语言的最基本构成，也是最基本功能，就是名词，也就是"知道"所说的东西是什么，所以与语言学转向相一致，20世纪的哲学也被叫做"分析的时代"。有一派分析哲学家（比如罗素）认为，这个所说的"是什么"就是语词的"意义"，它和那个名词（也就是指称、所是）是同一的。但是，相反观点的分析哲学家却不这么看，而是认为意义和所指是不同的，因为语词本身并不会生出意义来。对此，蒯因的分析似乎较为深刻。一方面，不同的语词可以意指或指称同一个东西，说明语词的含义与它所说的那个东西的关系不是固定的。更重要的是另一方面，即必须通过某种认知的活动或过程，人才可能按照某种理解来为某个东西命名，也才产生出相应的指称。换句话说，意义是由实践支撑的，所以不同于按照语言的规则编造出来的指称。

蒯因的看法的确可以避免前述下定义的两难，不过在我看来，分析哲学所谓的语言意义其实只是"意思"或"含义"，而我所说的语言"意义"是一种社会性的东西，超出或离开了所指的固定意思或含义，不仅名词，谓词也是如此。比如，"屋子"和"房子"可以同指一个东西，所以意思相同。然而在使用的时候，"屋子"更多用来表示住人的地方或空间，而"房子"虽然也可以是住人用的，但更多是用来表示其他用途，比如办公、商场或仓库等。又比如，某人在户口本和身份证上的名字叫"张三"，但他的父母却叫他"狗蛋"，而他的朋友和同事则叫他"胖子"。从这三个名字所指称的是同一个人来讲，它们的意思或含义是一样的，但它们所表示的意义显然不一样，甚至它们使用时的作用也是不一样的。这种情况在谓词方面似乎更加明显，比如针对某个屋子或房子里杂乱无章的东西，说把它"整理好"、"收拾好"、"弄好了"、"打扫干净"可以指同一个意思，但意义显然不同，至少表示了说话者不同的态度和要求。又比如，很多媒体人或所谓公众人物介绍自己的时候都喜欢说"我是某某"，但这句话却是错的，因为那个"某某"只是他的名字，而不是他本人。其实，之所以出现这种表述错误，在于说话者的优越感，也就是觉得自己很了不起，大家都应该而且已经知道他。反过来说，普通人介绍自己的时候就很少出现这种错误，因为他们一般都是说"我叫某某"，而不是"我是某某"。

如果语言以及说话只是为了表达"意思"，也就是语言规则和说话内容相一致，那么这种表达就允许或可以试错，包括辅以手势，直到表达清楚，而且实践证明大多数情况下总是能表达清楚的。然而，语言真正的作用或目的在于由"意思"来承载但又超出"意思"的"意义"，也就是按照语言规则明白和不明白都希望达到的语言目的。比如，同样的一句话可能出自各种不同的情况，包括不假思索、深思熟虑、自言自语、故弄玄虚、自欺欺人、胡说八道等，而"意义"就藏在这些情况下面。这种情况不仅在于表达与对象的关系，而且有说和写的差别。比如，历史上并没有录音保留古代人的说话，但我们仍然知道（或者应该说相信）那时候的日常说话不同于文言文。另一个例证在于，现在确实还存在有语言没有文字（或不完整文字）的民族或部落。

因此，语言在解释世界方面最大的、也是最根本的困境，就在于"意义"本身用什么来表示或言说。首先，意义与标识意思或含义的指称或所指不是一回事，所以意义是靠什么为人所知道的就不清楚。其次，如果语言有办法说清楚意义，那就又回到意义和指称或所指是否一致的困境。直到今天，与此相应的一些问题还是没有的明确答案。比如，语言是否具有自己的"内容"，抑或只是表达"别的"内容的工具？相应地，语言是否不可通约，也就是具有各种"专业"或"专门"的界限？再者，被翻译的语言和翻译出来的语言是否是同一个东西，以及根据什么来判定这种同一与否？

看来，思想自身有一个致命的弱点，就是傲慢或僭越。思想以为掌握着哲学判断的特权，其实在日常经验中，做判断不过就是"标示"。"标"就是划出一定的范围，"示"就是用适当的方式说明白，所以标示也就是问题和答案。但是，确定的标示本身往往需要前提，所以如果不是亲眼"看见"，就只能靠"相信"某种或某些理论。比如，我们知道太阳内部有核聚变，但是这种说法（或者说知识）几乎完全依据核物理学理论。因此，作为具体的标示，问题与答案实际上处于"有用"的经验水平，它们不是不可验证，也不排除思辨的证明，但这些都是在我们愿意接受的水平上成为有用的知识的。为了给标示以根据，也为了说明尽可能准确，哲学就不停地做解释，以至于解释成了解释自身的根据，使得哲学最终精细化为、当然也是沦落为能否以及怎样说"是"。于是失语。

二、改造的可能

从上可以看出，解释的困境简括说来有两点，一是难以找到或把握存在的最小单位，另一是意义没有适合或属于自己的语言。其实，这种困境所展示的几乎就是哲学的作茧自缚，语言学转向不过是巧妙地掩盖了这种困境，从而更加巩固了它傲慢自大的特权。卡尔纳普拒斥形而上学，实际上给了伦理和道德的独立，只不过转了向的哲学对它们没有兴趣罢了。这也许可以看作康德主义的传统，也就是人无法从现实存在推论出价值理念来。但是，语言学转向本身的实质却是否定历史哲学，即认为不可能、也没必要为人的经验历程寻找一个解释，或者说既不存在这些经验"后面"的本质，也不存在经验必然要遵从的"规律"。显然，这种转向是有悖黑格尔主义的，也是对哲学责任的放弃，不管实在论还是逻辑实证主义以及各种唯心主义都是如此，因为它回避一切现实的问题和有用的事情，转而研究说话本身如何准确和精确。这种"精确"甚至导致连解释也不做，只是"科学地"论证解释的工具是什么、如何可能。

哲学从被创造出来就是设置问题的，而这就是哲学之所以为哲学的成立根据及核心含义。但是，这主要是指哲学的自我问答，还不足以、甚至都没有提出哲学与其他领域的关系。因此，恰恰由于没有自觉认识到这一点，其结果之一就是上述解释的困境。改造世界的前提在于如何认识世界，而现今的世界已经完全不同于我们所知道的哲学开端时的状况，甚至也完全不同于 20 世纪中期的状况。因此，哲学与其他领域的关系更加突出，哲学在各领域的作用也更加重要，而且主要是认识、说明和改善人的境况。在此意义上讲，改造世界的哲学对于问题的设置更具有自觉性，而且改造的主体和对象都是从人的尺度来看的整体世界，而不再是孤立的最小单位存在以及与实际活动相分离的语言规则。

对于包括人和自然的世界的改造已经成了人的本性，所以改造作为哲学"说明"的又一层含义具有显而易见的现实性。但是，改造的可能取决于问题（也就是理论）与答案（也就是实践）的一致性程度，因为如果两者无法一致，问题将失去意义，从而答案也就成为机会主义或胜者为王的权宜。这个问题应该是马克思 1845 年在《关于费尔巴哈的提纲》中首次明确指出的："人的思维是否具有客观真理性，这并不是一个理论的问题，而是一个实践的问题。人应该在实践中证明自己思维的真理性，及自己思维的现实性和力量，亦即自己思维的此岸性。关于离开实践的思维是否具有现实性的争论，是一个纯粹经院哲学的问题。"由于没有认识到这一点，所以历来的"哲学家们只是用不同的方式解释世界，而问题在于改变世界。"①

哲学说明的改造作用，就是马克思说的"改变世界"，而哲学史之所以对此过于忽视，主要原因在于各种误解和偏见，尤其总是由此联想到革命，或者直接把这种改造当成革命。作为问题，如何改造当然并不只有一种答案，但这并不等于没有标准和原则，这就是马克思和恩格斯的历史唯物主义。比如，蒲鲁东《贫困的哲学》是说哲学本身是贫困的，"贫困的"的"的"是形容词，而且另一个意思就是关于现实中的贫困的原因，所以也叫贫困自身的哲学，其"的"是所有格。马克思认为蒲鲁东把事情说反了，于是写了

---

① 马克思 . 马克思恩格斯选集: 第一卷 [M]. 北京: 人民出版社，1972: 16、19.

《哲学的贫困》加以驳斥，在批判蒲鲁东对贫困的原因做了历史唯心主义理解的同时，指出资本剥削这一贫困的根源，以及消除贫困的阶级斗争方向。正是在《哲学的贫困》中，马克思提出一个十分重要的新观点，即现实不可能用重新建构抽象的哲学或逻辑体系来加以理解，更不会因此而改变。在这个意义上讲，马克思把蒲鲁东的书名倒过来写，是说哲学本来并不贫困，而蒲鲁东错误的哲学观点才是贫困的，所以《哲学的贫困》中的"的"是所有格，表示感叹。

哲学在"改造"世间万物方面具有普遍的意义，但历史唯物主义不仅是一般的哲学理论，而且有其主要的针对性内容，比如主要包括生产力与生产关系、阶级斗争、资本主义灭亡和社会主义胜利等。毫无疑问，这些内容作为需要改造或加以改变的对象，表明了马克思主义哲学的党性原则。然而正因为如此，历史唯物主义一方面可以在世界观方面作为哲学改造的指南，另一方面恰恰要防止和批判哲学党性的僵化和庸俗化。从认识论来讲，唯物主义认为人类社会的发展变化是有其内在规律的，并且马克思和恩格斯细致全面地阐述了这种规律。恩格斯晚年在给布洛赫的信件中总结性地说："根据唯物史观，历史过程中的决定性因素归根到底是现实生活的生产和再生产。无论马克思或我都从来没有肯定过比这更多的东西。"因此，"历史是这样创造的：最终的结果总是从许多单个的意志的相互冲突之中产生出来的，而其中每一个意志，又是由于许多特殊的生活条件，才成为它所成为的那样。"也就是说，这些意志并不是凭空想象，它们的大多数而且最重要的根据是对经济利益的要求以及实际的经济状况。①

按照历史唯物主义的观点，社会发展的动力是社会内部的矛盾运动，主要是生产关系和生产力、经济基础和上层建筑的矛盾。这些矛盾在阶级社会表现为阶级矛盾和阶级斗争，而到了资本主义阶段，剩余价值的私人占有和生产的社会化之间的矛盾使得相应的阶级斗争必然导致社会主义。但是，在改造的实践中，有两个重要的基本事实与资本主义灭亡和社会主义胜利的理论不相一致，一个是社会主义没有在发达的资本主义国家，而是在俄罗斯和中国的成立，另一个是资本主义没有在经济危机中崩溃。对此，恰恰是历史唯物主义给出了原则性与现实性相一致的说明。

对于如何看待前一个基本事实，俄国的列宁创造了社会主义在一国或多国胜利的理论。早在 1915 年 8 月列宁就在《论欧洲联邦口号》一文中写道："经济和政治发展的不平衡是资本主义的绝对规律。由此就应得出结论：社会主义可能首先在少数甚至在单独一个资本主义国家内获得胜利。"1916 年 9 月又在《无产阶级革命的军事纲领》中说："资本主义的发展在各个国家是极不平衡的。而且在商品生产的条件下也只能是这样。由此可以得出一个确定不移的结论：社会主义不能在所有国家内同时获得胜利。它将首先在一个或几个国家内获得胜利，而其余的国家在一个相当时期内将仍然是资产阶级的或资产阶级以前的国家。"② 列宁这个理论是符合实

---

① 恩格斯 . 马克思恩格斯文集：第十卷 [M]. 北京：人民出版社，2009：591-592.

② 列宁专题文集：论社会主义 [M]. 北京：人民出版社，2009：4、8.

际的和清楚的，而且把当时的俄国比喻为资本主义链条的最薄弱环节也是准确的和形象的。事实上，虽然俄国还没达到资本主义阶段，但它的工业化和知识分子都集中在欧洲部分的彼得堡和莫斯科等大城市，从而造成了工业化生产力基础上的纪律性和先进意识，而第一次世界大战更使人民极度不满当时的政权，所以可以通过在主要城市起义来完成夺权。因此，列宁认为当时起义的军事条件已经具备，并明确指出不仅革命没有中间道路可走，而且不立即起义就等于背叛。①

在中国，毛主席创造了新民主主义理论，而且这个理论也是符合中国实际情况的。当时的中国不仅完全没有资本主义工业化的基础，而且革命力量尤其不具备建立社会主义政权的条件。与西方工业化以前的社会不同，中国封建社会的实质在于地主的土地私有制，众多贫穷而且没受过教育的农民分散在广大地区，加之长期的军阀割据，所以中国革命只能采取发动农民、土地革命、农村包围城市的武装斗争等办法。至于近现代资本主义所谓人权、民主、自由、法制等观念，在中国几乎完全找不到政治理念和文化习惯上的共同点。但是，这种情况并不能用"落后"来表示，恰恰相反，中国的新民主主义革命不仅具有反帝反封建的先进性质和任务，而且在苏联十月革命的实例以及二战以后社会主义阵营出现的情况下，中国的革命必然在发展方向上从属于世界社会主义革命，并且真实地构成了世界社会主义革命的重要组成部分。因此，有了共产党的领导，

① 列宁全集：第二十六卷 [M]. 北京：人民出版社，1959: 6-9.

中国革命不仅可以而且必然要先实现新民主主义，在取得政权的基础上通过各种社会主义性质和要求的改造，包括不消灭民族资本主义甚至一般意义上的私营企业，逐步过渡到和转变为社会主义。

由上可以看出，列宁和毛主席都维护了历史唯物主义的理论正确性，以及以此理论来改造世界的可能性及现实性。苏联的解体并不能说明列宁关于资本主义与社会主义革命理论是错的，因为既有的成功并不能保证以后不遭受挫折，而这也表明了历史进程的复杂性。对于社会形态的变革与发展，毛主席的由新民主主义而社会主义的理论更是具有长期性和包容性，所以才为今天的社会主义初级阶段理论提供了相应的合理性、一致性和延续性根据。

对于如何看待另一个基本事实，恩格斯用社会变革的时间不能精确预测来说明。1895 年，恩格斯在为马克思《1848 年至 1850 年的法兰西阶级斗争》一文的导言中明确承认他和马克思都估计错了："历史表明我们也曾经错了，暴露出我们当时的看法只是一个幻想。"[1] 所谓"幻想"，指的是马克思和恩格斯原来以为通过 1848 年、1871 年这样的革命，就能够推翻资本主义，建立社会主义，而错误的原因主要在于把生产力的发展和资本主义制度自我调节的关系看得过于简单了。因此，这里的历史唯物主义问题并不是如何判断或预测某种制度的寿命时效长短，而是发现相应的社会规律，所以恩格斯没有再预测将来的情况。

这个社会规律的最主要内容，就是资本自身的运行规律决定或

---

[1]　恩格斯.马克思恩格斯文集：第四卷 [M].北京：人民出版社，2009：538.

导致了资本主义的灭亡和社会主义的胜利都是不可避免的。不过，这两个"不可避免"并不是任何神秘的决定论，也不是指某种结果不经过努力就会自然到来，而是指理论的合理性和现实性。正因为如此，马克思《资本论》对资本主义的分析和基本观点才会在今天依然有效，也才能够允许人们根据它的道理和原则，针对今天的实际情况加以延展并创造相应的新理论。比如，苏联模式社会主义的解体、全球化运动、保护环境和资源的努力，等等这些变化不仅没有否定上述两个"不可避免"，相反恰恰证明产生更高级生产方式的相应历史进程所具有的客观性和复杂性。①

我认为，恩格斯的做法不仅维护了历史唯物主义的正确性，而且提供了这一理论持续有效的方法论。事实上，历史唯物主义与上述两个基本事实的关系，或者说以前者的立场、观点和方法看待后者，从理论上为改造世界提供了合理性和可能性。同时也表明，历史唯物主义提出的改造可能并不等于非此即彼的抉择，对此至少可以指出两个情况。其一，既然资本主义经济危机是一种规律，它就并不仅仅是负面作用，而是同时也促成了资本主义的自我调节，其主要的做法恰恰是向社会主义学习，比如国家对市场经济的干预、普遍的社会福利以及对穷人的救济等。其二，出现了国家阶级，所以资本主义国家的工人阶级和广大劳动人民关心的并不是和老板斗争，而是维持国家层面的竞争优势，防止其他国家，尤其是发展中

---

① [英]梅格纳德·德赛.马克思的复仇[M].汪澄清译，郑一明校，北京：中国人民大学出版社，2006：339-340.

国家及其穷人来和自己争利。就连瘟疫（比如新冠肺炎）流行，发达国家预先抢购和囤积疫苗而完全不考虑发展中国家需求的时候，发达国家的广大民众对这种做法也都普遍选择沉默。

因此，历史唯物主义的正确性与如何看待和应用历史唯物主义是互为表里的。这种关系有些类似拉卡托斯在 20 世纪 60 年代后期提出的"科学研究纲领"，也就是说，正确的理论从来就不是事无巨细的教条，但必须具有相应的合理性"硬核"。一方面，合理的硬核提供了理论的适用域，另一方面，理论的发展也取决于对合理硬核的保护。① 反过来讲，历史唯心主义就是因为主观偏见的不正确，所以容易自相矛盾。比如，由于把自由民主等同于资本主义，而且把资本主义看作文明发展的顶点，所以西方学界普遍认为苏联的解体就是社会主义失败和资本主义胜利的证明，于是也就出现了各种历史终结论。然而，此后三、四十年间的情况与此完全相反：一方面是西方多次严重的经济危机，以及资本主义发达国家之间的不团结甚至相互制裁，另一方面是中国改革开放的巨大成绩，以及中国提出的重要理念逐渐为世界所认同。于是，这些历史终结的说法又出来改口。②

从实践上讲，改造的可能主要在于认同和习惯，而这与摆脱解释的困境也是互为表里的。也就是说，哲学的改造需要做两件事情。一是形成真正的对象性，把哲学真实地使用起来，也就是毛主席说

① [英] 伊·拉卡托斯. 科学研究纲领方法论 [M]. 兰征译，上海：上海译文出版社，1999：67-68.

② 历史的终结推迟了？ [N]. 参考消息，2017-03-23（10）.

的，"让哲学从哲学家的课堂上和书本里解放出来，变为群众手里的尖锐武器。"① 二是树立真正的自我性，就是自我改造，而困难也就在于自我改造，所以毛主席才说，"世界到了全人类都自觉地改造自己和改造世界的时候，那就是世界的共产主义时代。"② 这两件事情表明，批判的武器和应用的方法都不是外在的和中性的工具，而是哲学自身功能的展现。

认同的对象或内容包括很多方面，比如观念、看法、情感、历史、文化等，但是所有这些共同的特性却是"内外"的区分，尽管用以区分的界限或标准不是固定不变的。就已有的考古成果来看，至少从智人开始人类就有了我们、你们、他们的意识和区别了。"我们"是自己人、内部人，而"你们"和"他们"则是外人，尽管不一定是敌人。这种内外有别的根本依据是利益，而且首先是物质利益，所以需要不断地分清敌、我、友，从而巩固内部的认同，争取外部对于内部认同的接受，以扩大"我们"的阵营。

就认同的真实形态来讲，最常见也是最普遍认同就是一致"对外"，而直到今天，各种认同中规格最高、范围最广、人数最众，而且争议最小的认同就是爱国主义，因为对于维护个人利益最有力和最大的共同体就是国家。因此，国家认同的现实根据在于安全需要，而在意识上最深层的根据则是所谓"非我族类其心必异"。当然，也有听从或协助外国入侵者的人（比如汉奸、法奸等），但这

---

① 毛泽东文集：第八卷 [M]. 北京：人民出版社，1999：323.
② 毛泽东选集：第一卷 [M]. 北京：人民出版社，1991：296.

与认同的国家范围或规模无关，而是怕死保命的本能瓦解了所属"内部"的戒规。由此，尽管国家能否以及怎样消亡尚无定论，不过从既有的事实不难得出一个肯定的结论，即国家的存在就是认同可能的最终界限。

显然，改造的对象是包罗万象的，比如社会、环境、资源、人口等，但是最重要也是最困难的还是人的自我改造，所以改造的可能在很大程度上取决于习惯。自我改造的常态是对各种境况的适应，但更为本质的改造是按照被认为是为好为善的价值观和准则来行为，甚至来思考。自我改造的困难在于要约束自己，也就是难免、甚至必然要违背个体的所谓人性或随意性，比如从小就要接受教育、要听家长和老师的话、长大了要听领导的话等。这种约束对于由个体组成的共同体也是如此，比如国家不得不进行现代化竞争、全人类都应该成为有道德的或共产主义的新人等。因此，改造的可能并不会仅仅因为明确的价值导向而成为现实，更为关键的因素和常态应该是如何形成习惯所然。

每个人都不得不接受事先安排的改造，也就是所谓的社会化，尤其是代际的社会化。但是，这样做并不仅仅是为了延续、弘扬和实现某种价值观，更重要的是为了内部或自己人不要互相伤害，所以比如"勿偷盗"就已经成了共识。然而即便如此，今天还是有盗贼，所以对此还是要时刻防止和严加惩治。又比如，"勤劳"无疑是几乎所有人的共识，而且具有道德导向的意义，但是，只要没有必要、或者说没有直接的目的，大多数人都会选择，或者不自觉地懒怠下来，因为悠闲毕竟要比劳累舒服得多。

或许，为了形成认同和习惯，改造就需要有示范，也就是有人先做表率。比如，从改造的目标来讲，真正合格的共产党员的存在意义首先在于他（或她）的政治属性，也即应该首先是一个共产党员，其次才是具有自然属性的具体个人，包括男人或女人、父亲或母亲、儿子或女儿等。然而，无论认同、习惯还是示范、表率，就它们的现实状况来看，如何将现在的人改造成为符合理想价值的新人还是一个仍在设置的问题，相应的预设答案更是尚未提出，至少是模糊不清。

三、多种答案的基本类型

以上两节所说的当然不是哲学说明的全部情况，但它们已经清楚地表明，"问题"就是哲学设置出来的，所以"答案"也就相应地受到问题设置的情况制约。在此意义上讲，说明的"解释"与"改造"既是这种哲学设置的功能载体，也是理解和处理相应问题与答案的基本方式或途径。然而正由于如此，千差万别的现实情况使得一个问题可以、实际上也几乎总是具有多种答案。这样讲的根据在于，哲学只是人类的哲学，而人的任何判断和行为也都是以他们的哲学看法或认识为依据的，但哲学又不是一成不变的，随着文明的演进，新的哲学已经产生。不过，变化本身也是过程，所以新的哲学完全可能是向着它的终结或反面的变化。我们已经说过，在解释的困境方面，主流的哲学面对现实采取不负责任的鸵鸟政策（顺便说一下，这方面各种哲学理论和观点还有一个共同的突出特征，就是回避历史唯物主义和辩证法），而在改造方面，共识的难以形成使得习惯很容易流为缺失价值导向的随意，发展的不平衡更是造成恶性的竞争和冲突习惯。

在今天，设置问题的基本现实，就是哲学本身的变化，也就是人类的活动（主要是所谓科技进步和创新）使得哲学越来越成为人类自己的心智与实践关系的境况。古老的神谕"认识你自己"仍然有效，但却失去了发问者。一方面，人们不再有闲暇和心境去苦思冥想；另一方面，哲学已不再能担负提供总体道理的重任。在这种情况下，哲学的工具理性被作为一种借口，也就是成了人们为了避免天谴而制造出来的各种合理性。但是，这种工具理性不是对象性的，因为哲学没有那么大本事，能够提供一个总体的道理，更不能缓和或遏制人的欲求。于是，哲学实际上只能"随着"不断增扩的欲求，并通过为它提供基本范畴的方式"融入"到这种增扩过程中。不过，哲学界似乎并没有认识到这种变化，仍然沉浸于编织各种理论"体系"的自娱自乐。

哲学是属人的，但人的存在及活动已经从对象性演化变成了自身的非对象性困境，也就是自己造成了自己的对立面。撇开认同与习惯的具体对象，人类及其社会的这种变化的动力和状态都是所谓"文明"。但是，手段越先进或越发达，造成的负面代价就越大，或者说越快促成人走向反面的变化，所以也就对文明和道德造成越来越大的合理性压力。由此，哲学的功能也自觉不自觉地随着这些变化而变化，其主要内容就在于为人的欲求提供合理性。如果说，对于诸如气候变暖、环境破坏、瘟疫频仍、战争威胁等对象性变化，人们还能够形成需要设法应对的共识，那么，诸如奋力拼搏导致不会休息、无止境地追求便捷化、同情心的形式化和虚伪化、性别错乱、生育能力下降、用爱国宣传来维持稳定等非对象性变化，本身就是破坏共识的。

如果说事物总是要走向反面，那么人类文明也不例外，而且现在已经进入了不可逆的加速度拐点；如果要给当今所有变化一个共同的特征属性，那就是人类不会休息了，永远忙碌，或许直到由于不必要的操劳和竞争而累死。在这方面，最为典型的实例也许就是停不下来的"玩手机"。某个时段迫不得已的加班加点或许仍能算作正常的行为，而赌博和吸毒上瘾则是不道德的行为，但它们共同的一点在于其不休息都是对象性的，也就是有明确的对象以及目标或目的的。玩手机与此完全不同，它是非对象性的需要和习惯，也就是必须随时随地用外在的各种"信息"来填充已经空虚了的生命。在这个意义上讲，玩手机这个实例所标明的是生命存在对于异己信息的依赖，所以不仅从性质上就排斥了"休息"的存在意义和必要，而且使人自觉不自觉地把自己变成了行尸走肉。因此，这里的论题并不在于用手机看"八卦"还是长知识哪个更合理，而是说玩手机这个行为典型地或富有特征地展示了人类已经不会休息、不愿休息、不能休息的现实。

面对这些变化，如何应对，尤其是是否需要这种文明"进步"的哲学追问也就越来越迫切，并成为哲学本身越来越大的压力。事实上，把哲学当成说明道理的工具已经不够用了，而问题与答案的关系则成了哲学尚能够存在的价值根据。但是，现在的哲学对此却往往采取逃跑的做法：一方面，迎合科学至上的迷信，用哲学本身的科学化来逃避现实，包括前面讲过的语言学转向；另一方面，以道德情感与客观规律无关的说法来迎合物质利益的获取，并借口规律性和有效性放任价值观选择的随意性。由此，一个问题多种答案不仅是必然的，而且也被当代哲学作为回避现实问题的一个避弹所或逃跑口，其特征也变得更加突出或明显。其实，正是这种逃跑掩盖了哲学变化的真实形态及实际作用，即当今世界的变化已经使哲学的说明功能体现为各活动领域的价值意义及行为导向，并形成相应的基本范畴。换句话说，这种变化所体现的就是某个领域最常使用的关键词所具有的哲学意义，或者说所表示的中观或经验层面的哲学形态。比如，在政治、经济、社会、文化等主要的领域形成相应的哲学政治、哲学经济、哲学文化、哲学社会等形态，并各有与之适应的基本范畴，即发展与溃灭、划算与竞争、直接与间接、界限与自由。

但是，作为哲学本身的两个基本范畴，问题与答案对所有领域都具有普适性。因此，这里所谓答案的类型既不是指逻辑哲学、政治哲学、文化哲学等分支或交叉学科，因为那些都是不同领域或方面的"道理"，当然也不是指具体的问题和答案，而是指哲学本身预设的答案类型，所以也就涵盖了不同领域的共同之处和不同之处。从哲学史的角度讲，说清楚为什么每个问题都包含多个答案是当今哲学自身的重大任务，也是我正在写的一本专著的内容。这个话题看起来很简单，似乎就是自然而然明摆着的事。不过，越是"自然而然"的东西就越难说清楚它的道理，所以这里仅限于列出主要的答案类型，比如认识存在的答案、形成认识和行为的答案、先验的逻辑分析和经验的综合判断的答案、性别的答案、神秘的答案等。其实，这些类型也就标示了产生多种答案的相应原因方面，尽管这些原因将另文讨论。

其一是认识存在的答案，也是最原始的答案类型，属于本体论和认识论交织在一起的答案。

这种答案来自对于从原始体验到经验体验再到观念体验的陈述，而陈述就是问题，就是对存在的确证。从表达的过程来看，陈述似乎在问题产生之后，因为问题总要加以陈述才成为所知道的东西，然而正因为如此，实际上或者从经验上讲陈述才是问题形成的基础、前提、方式。因此，这类答案的多重性，就在于陈述与问题关系的选择性。

从逻辑上讲，如果认识与存在是一致的或者能够一致，那么其间就应该有某种规律。不过，人之所以总是有寻找规律的冲动和执着，以及必须找到或证实规律的需要，在很大程度上、或者说在实际需要的角度讲是出于安全感和羞耻感。知道了规律，主观上不仅可以觉得就安全了，而且也可以推卸责任了。但是，如果规律就是本质联系，那么所谓客观规律只是在人发现和认识了它的时候才是有意义的和真实的。因此，人的主观动因应该也是客观规律的构成部分，从而也就有两个问题。其一，有没有独立的"主观规律"，以及有没有纯粹的或完全的客观规律；其二，如果从认识论来讲规律也是不断形成的"过程"，那么规律又是怎样起作用的。可以说，认识存在的答案类型的内容主要就是围绕和针对这两个问题展开的。

其二是形成认识和行为的答案，属于认识论。

古希腊把哲学叫做"爱智慧"，但至少在今天，哲学已不可能是没有用处的智慧游戏，因为今天一切都是功利性的。事实上，哲学一直有两个用处。一个是"说服"，因为再有力量和本事也不能仅靠"压服"取得成功，所以说服对方，尤其是民众，靠的就是哲学，也就是道理。另一个是"特权"，也就是掌握说服的权利，包括掌权者和各种专门家以及他们的职业、职务和地位、势力。这两个方面的运用有一个共同的功能性前提，即判断，包括解释、猜想、指令。需要指出的是，这里讲的认识论类型的答案是中观形态的，也就是日常语言和经验的运用，而不是作为规则的自然语言，所以消除语言的多义性在实际言语中是不必要的。事实上，与语义固有的多重性不同，表达、语旨、语效乃至行为的意义都是随机的。

既然是判断，确定被判断的东西就是"问题"，而由于前面讨论语言的时候所说的判定只能从小说到大或从少说到多，"答案"从其作为已经所是的东西时就已然不止一个了。当我们做判断时，往往需要给出相应的概念，同时还必须对这些概念及其运用加以定义。由此，相对说来"概念"是理解，而"定义"则是表述，理解和表述之间如何一致不仅仅是语言学的问题，在实际活动中就是哲学本身的问题，也就是说，判断总是在设置问题。当然，这些问题有大有小，在实践上也有轻重缓急之分。于是，无论理论上还是实践中，答案就是问题的展开，而不是解决，所以才会有多种答案。

所有判断都基于"是"这种谓词，因此"是"不仅表示判断，而且它的真实所指就是各种问题，即对某种态度、趋势、事件、指令的设置。比如，"哲学是一种语言""翻译是一种语言""表达是一种语言"这些话都对，但这种"都对"的设置和判定就是"问题"，而且包含了多个"答案"。换句话说，语言可以是哲学、翻译、表达等，但这里的"是"的含义是表示各具体的答案，所以显然不同于问题设置时的"是"。"是"的另一种含义是"有"。比如，说"那里在开会"、"他吃过饭了"，这些指的都是某种有的状态，或者说那个所是的东西，所以这些"是"本身并没有含义。换句话说，作为存在状态的"有"的"是"所表达的东西不可分析，所以很可能是伪命题；而作为判断的"是"所表达的东西是可以分析的，所以大多为真命题。比如，"某地按时高质量地完成了脱贫任务"就是一种存在状态，本身没有命题的真值，或者不构成命题；而"脱贫任务是一项有时效和相对标准的工作"就是真命题，因为它的"是"包含"为什么"的意思或功能。相对说来，前一句话是表述，后一句话才是判断。

其三是作为科学知识的答案，包括先验的逻辑分析和经验的综合判断，属于方法论。

根据黑格尔的看法，哲学意义上的方法论所研究的是科学或知识的形成过程，也就是精神层面的认识怎样为经验所把握，所以也叫做精神现象学。撇开唯物还是唯心，我认为方法论就是认识和改造世界的方法的根据及分类。如果从知识必然具有科学性来讲，现在的学科分类大致包括哲学、自然科学、社会科学、人文科学等，不过从方法的特性来看，相应的答案可分为先验的逻辑分析和经验的综合判断两大类。

　　所谓逻辑分析，是指分析本身没有对象，自身就是方法，所以是先验的、抽象的和客观的，比如自然科学中的数学和哲学中的逻辑学。与此相应，需要外在对象的方法就是综合的，而且在大多数情况下也是经验的，比如自然科学中的物理、化学、生物学、地理学、天文学、气象学等都有相应的对象。综合判断的另一个特征在于，方法的对象大多是有形的或可经验的，其有效性可以模式重复和概率验证。社会科学的方法对象既可以是有形的，也可以是无形的，但它们都是人所创造或制造的，而这也是社会科学与自然科学的根本区别。就这个区别来讲，人文科学与社会科学相同，但是从方法根据的功能性来讲，人文科学更多关注价值导向和审美习惯，而社会科学则主要侧重社会形态及其功能运作，并为它们制定规则。此外，社会科学和人文科学还有一个共同的地方，而且也是它们与自然科学的不同之处，就是性质规定大于、也重要于数量标准。

　　知识本身是客观的，但总是作为被认识的答案而具有真实性，并被作为行为的根据和工具。在这个意义上讲，知识就是分类方法，主要包括三种形态。一是被证明的或已知的知识，基本上就是指"能够重复使用的"，比如制造汽车。二是认为已经知道的知识，它与前一种知识的根本区别就是尚未得到重复使用的证实，但在"道理"上可能没法被否定。三是认为不知道的知识，这是难以确定的知识，因为严格说来有未知的东西存在才是所有类型的知识的前提，或者说，终极的问题在于如何知道"认为"不知道是真的。知识的各种形态都有两种情况，即对象化和非对象化，而作为答案的方法也随着这些不同的情况而不同。要认识，就要有认识对象，所以认识总是对象化的。但是，如果要"证实"这种对象化认识的真实性，认识主体本身就与认识对象处在同一形态了，所以认识又是非对象化的。因此，作为最基本和最普遍的两种答案形态，对象化与非对象化可以针对同一个的问题，但所包含的内容很可能是不一样的，而所具有的意义几乎肯定都是不一样的。

世间总有各种各样的问题，而且同一个问题的答案，或者说解决问题的办法、方式、路数也总是不止一个。所有这些本来就是实践的常态，然而其中的道理却是哲学本性的体现。如果某个理论（也就是答案）逻辑一致，或者说方法合理，那么它就是对的或真实的，但同样也就表明与它不一样的其他理论也可能是对的或真实的。动物应该也有记忆，但显然不具有人的记忆的"意义"，而正是各种意义构成了所知道的知识和探索尚未知道的知识的方法。因此，从方法论的角度讲，发现和提出问题就是认识道理或真理的过程，但是这些发现和提出都需要也必须有适当的表述方式，而且不能没有真值。真理的形式特征在于不容置疑，并对检验具有豁免权，但作为答案，真理同样是否定性质的，也就是通过排除问题而否定了没有意义的存在。真理形式上的肯定与性质上的否定所具有的自洽性，也是一个问题多种答案的重要根据之一。

其四是答案的性别类型，也就是男女对同一问题在答案方面天生就有的区别。

性别类型是纯本体论的，因为它是人类以及一切生物的最本质联系，其答案的不同是与生俱来的，并且往往具有隐喻和启示的特征。之所以说"男女"，在于人类只有男女两性，并无第三性，也不可能只有一种性别。双性人、改性、自恋、同性恋、双性恋等等都没有超出两性。彻底的无性，也就是超越一切性别对待，包括性冷淡，也许可以视为第三性，但至少也是针对两性的区别而言的。因此，"无性"只是一种状态，其本身并不构成某一种性别，更没有这种性别的实体存在。

尽管男女性别的不同是一种自然的存在，或者叫做生物学的差别，但相应答案类型的合理性却在于它的道德性和社会性。因此，性爱、爱情、婚姻、家庭等方面的问题本身就包含着正确而合理的答案，但只有性爱才是两性自身的道德，或者说是性别答案类型的道德性和社会性的根据和逻辑起点。

其五是答案的神秘类型，也就是无解也无须解的答案。

"神秘"的意思不是"不可知"或"不知道"，也不是如何判定不可知或不知道，而是无须判断就相信或者当某种东西是"有"。比如，有人相信有鬼，有人不相信，但是，这种信与不信本身就指向了同一种东西。换句话说，看法的不同恰好表明了所指之"有"的真实性。因此，从现象来讲神秘就是异象，它既可以想象，也可以经验。在此意义上讲，神秘的答案是关于"有"的，但本身并不一定是"是"，甚至是刻意回避"是"的。比如，相信有鬼的人无法对自己和别人复制"见鬼"的体验，而不相信有鬼的人只能表示他与神秘无关，但也几乎没有办法验证他的不相信。也许，中国语言中的"东西"一词（欧洲好像就没有这个词）就与安置和容纳神秘有关，因为它表示一切而又从不确定。至于为什么选择东西这两个字来搭配，可能有两个理由。一是方位在世间万物中最大，用来作为能指可以包罗万象，抽象的、具体的、真的假的、有的没的都行；二是东和西在五行中分别属木和金，相对固定，而南和北则分别属火和水，不仅相冲突，而且很容易毁了一切。当然，用属土的"中"这个方位也行，只是用一个字作为名词按照汉语的习惯读起来显然不顺。

因此，从性质上讲神秘本是需要维持的某种状况，一旦被科学解释了（在某种条件下这是可能的），神秘也就不是神秘了。相应地，神秘的答案并不在于解释或说明了某种意思，而在于维持神秘所具有的意义，所以才说神秘是无解也无须解的答案。比如，对于巨石阵、麦田怪圈、纳斯卡线条、帕拉卡斯烛台、北美的塞纳阿巴斯等不寻常现象和巨幅地画，一些好奇的人和科学家想方设法给出"科学的"解释。不过，我认为即使能够做到这种解释，仍会有很多人不相信或者无所谓信与不信，也就是仍有人选择将其当作神秘。这样说的根据在于，神秘和科学并不是一对矛盾，它们可以各干各的，井水不犯河水，甚至可以在维持神秘的同时，对神秘或神秘的东西进行科学研究和运用。换句话说，神秘也不是绝对的。比如，西医的解剖学找不到中医所说的经络，所以经络对于西医来讲就是某种神秘，但是，这并不妨碍中医在维持这种神秘的同时，甚至就在经络学说的基础上，进行医学研究和临床诊疗，包括运用西医所认可的"科学"方式和方法。

事实上，神秘这种答案类型更充分地展示了问题与答案关系的一个突出特征，即解开了一个谜团就会产生更多的谜团，甚至解决一个问题就会制造更多的问题，包括客观的麻烦，比如病毒。从认识过程来讲，不知道的东西和道理逐渐被知道是一个基本事实，甚至是某种规律，但是，因此就以为科技可以永远"进步"则是一种迷信和僭越。麻烦在于，现在恰恰是科技迷信盛行，而且已经成为一种集体无意识，也就是蔚然成风的时尚，比如电视栏目的名称就有叫做"时尚科技秀""科技新时尚"的。

或许，神秘与否的界限就藏在人脑中，由此，现在的科技想方设法把意识数字化，试图由此能够复制人脑。还有一些研究用动物做的实验，就是先把它们的脑袋冷冻起来，若干年后再通过升温使之复活，包括神经元连接。但是，这些实验还是无法破解神秘，因为如果兔子或狗的脑袋无法理解它们自己的意识，那么人的脑袋再大，不能理解自己的意识也许就是人的认识界限。换句话说，人脑的结构和功能是可以理解的，但复制它们是不可能的，即不可能复制和冷冻意识，因为这里的问题不是技术能力的大小，而是这样的努力就等于消解神秘。因此，用技术复制人脑并不是不可能，而是要遭报应。正是在这个意义上我们可以说，试图用脑科学来突破关于神秘存在与否的判断，并谋求相关问题与答案的解释，本身就是一种僭越。

四、结语

作为道理的道理，哲学不仅要指出是什么，还要解释为什么。相对说来，指出是问题，解释是答案：指出通过赋予名称并提出命题而设置问题，解释则经由谓词功能而包含了多种答案。于是，问题和答案构成哲学本身的基本范畴，而一个问题多种答案则作为道理的本体论形态，成为哲学本身与生俱来的基本特性。如果说问题是无中生有的内容，那么答案则是各种"有"的形式，或者说是问题的展现。"无"是一，也就是规律，"有"是二，也就是作为认识或自以为认识了以及正在认识的规律的问题，而问题的展现和转化则是三，也就是各种答案。因此，问题本身并不存在被"解决"与否，而是不断地自我展现和转化，而答案就是这些展现和转化的载体和形式。

问题与答案的范畴关系表明，相应的答案情况必然也是复杂多样的，比如意思相同但意义不同、意思和意义都相同、意思和意义都不相同等答案类型。由此，不同的情况又会产生或带来相应的意义。比如，如果答案相同但形式不同，是否意味着存在惟一真理或真理的惟一性；相反，如果各种答案都能成立，是否意味着真理的多样性、甚至函数性。当今现实的变化使得一个问题多种答案的特征更加突出了，即哲学已经成为不同活动领域的"道理"的存在形态，其作用的真实意义也与对这种形态的把握密切相关，所以问题与答案也由此作为基本范畴代表和统摄各领域的哲学形态，也就是对它们都具有相应的普适性。

不难看出，弄清楚上述内容是一项复杂和细致的工作，而我之所以正在对此另文专著，除了个人兴趣，主要是因为这项工作的迫切性和重要性。一方面，变化了的现实要求哲学提出并运用一系列相应的新范畴，然而另一方面却是当今的哲学对于这种变化和需要既不知道也不在意，至少是严重缺乏自觉性。换句话说，认真研究和说明白一个问题多种答案的原因并提出新的应用范畴，是哲学史在今天的迫切和重要任务，只有做好这项工作，哲学才能够继续延展和深入。

哲学政治：发展与溃灭

　　哲学所表达的是世间万物和人类活动的道理，而把道理落实为真实的行为并使其生效，则主要靠政治。因此，哲学政治的意思是指主要由政治活动来承担和落实哲学道理，或者叫做哲学的政治形态。由启蒙理性而产生的现代哲学政治承认一个问题具有多种答案，从而把发展作为自己关注的核心价值，或者说，发展作为历史范畴是由现代哲学政治发明的，并且就体现为这种哲学政治的首要现实任务。但是，发展和溃灭一开始就具有共生关系，并由此成为今天政治领域的两个基本范畴。如果对于发展本身所具有的非必要性及无止境的便捷化趋向缺乏自觉认识，人类这个物种终将由发展而导致自己的溃灭，包括伦理道德的丧失和物质文明的崩溃。

人类生存的各种危机已是明摆的事实，这方面的警示也已常见不鲜。对此，各国政府、社会团体以及科学家和工程师们都在为解决、至少是缓解这些危机想办法，而且几乎所有应对的思路和办法都是寻求物质手段上的改善，包括所谓科技创新、可持续发展、保护生态环境之类。但是，姑且不说这些物质手段能否管用，仅从目的的角度讲，有一个重要问题似乎一直没有得到应有的重视，即人之所以会把世界搞成这个样子一定有着某种主观的愿望、要求或冲动。换句话说，这方面的原因应该有着普遍的哲学依据。显然，搞清楚这一点对于认识人类今天的境况是必要的，至少是有所助益的，因为仅靠物质手段的努力很可能是徒劳的——如果不是加重和加速这些危机的话。

通俗地讲，哲学就是对于道理的发现和阐释，于是也就引出两个问题。其一，是只有一个最根本而且统一的道理，还是有许多不同的道理；其二，不管是一个还是多个道理，为什么明明有道理存在人们却并不、至少不完全或自觉遵守道理。不难看出，这两个问题其实具有或体现了理论和实践的关系，具体说来就是这些道理靠什么来落实自己的价值。由于政治活动涉及到权力和服从，所以至少从实际能力或作用的角度来讲，哲学作为道理的价值主要是经由、甚至依靠政治活动来落实的。这就是我所谓的哲学政治，而正是对于哲学及其价值落实的政治形态的思考及其回答，必然会引出对于当今文明境况的认识和判断。

　　针对上述问题并沿着相应的逻辑思路，我们先从作为道理的哲学的价值落实或功能实现情况来说明"哲学政治"的含义，接着指出，启蒙运动以来哲学政治的作用已经使得"发展"成了当今文明境况的主要内容和核心价值，最后，通过分析得出一个至少是逻辑上的结论，即"发展"作为一个历史范畴其实和人类的"溃灭"具有内在的共生关系，而且溃灭已经由潜在的伴随因素加速成为显在的真实状况。

一、哲学与哲学政治

　　从概念定义来讲，对于什么叫做哲学并没有一致的定论，然而经验告诉我们，人的交往总是以各种认知、要求和指令为基础和维系的。对于这种情况，无论怎样看待或理解思维与言语的一致性，都无法否认一个显而易见的事实和逻辑结论，即"是"（包括英语的系动词 be）是人的交往中最基本、最具有普遍性以及使用频率最高的词。在这个意义上讲，哲学其实就是关于"是"的道理，主要包括两个层面，即存在的"是"和认识的"是"。相对说来，前者大致可叫做本体论，后者大致可叫做认识论。很显然，本体论的"是"应该有一个普遍的道理，而认识论的"是"则必然会有许多各种各样的具体的道理。换句话说，逻辑正确意义上的"是"只能有一个，但具体判断的"是"却可以用不同的逻辑根据来支持自己的合理性。

　　从现实情况来看，哲学研究达致一个道理还是多个道理往往取决于提问的方式。对于 A 是什么的提问，原则上应该只有一个答案，否则 A 就不是 A 了。但是，如果问什么是 A 则可以有多种答案，因为它们可以分别表示同属于 A 的不同方面。这当然是由提问的方式引起的，但却是由客观存在的道理规定的。比如，对于"社会主义"这个客观存在来讲，说"中国特色社会主义就是当今的社会主义"是对的，但如果反过来说"当今的社会主义就是中国特色社会主义"就未必对了，因为还有古巴、越南、老挝等社会主义的存在。在这里，"社会主义"是"一"，而"中国特色社会主义"则是这个"一"之中、当然也可以是与这个"一"相对的"多"。

由上，关于"是"的提问和答案就出现了两种情况，一种是关于"是"的"一"和"多"关系，另一种可以叫做悖论。弄清楚这两种情况，是认识和说明哲学政治的必要前提。

其一，关于"是"本身的"一"和"多"关系。

相对说来，问哲学是什么的答案是"一"，问什么是哲学的答案是"多"。不过，就现实的可能性来讲，更重要或者更真实的情况还在于"一"和"多"的关系本身所具有的不同类型或层面。这个类型或层面主要包括或体现为两种情况，一种是作为何以为"是"的原则和根据，也可以叫做元哲学，即道理的道理；另一种是针对具体领域、方面、问题以及应用的"是"，即具体判断的道理。

人只要讲话、甚至思维，就要有判断，叫做"是"，所以哲学的功能主要在于检验"是"的合理性和真实性，以及分析和指出"是"的应用针对和实效。"是"在英语有系动词"be"，而中国虽没有专门的系动词，但除了做实意动词，也有更多作为系词来用的"是"，比如"属于"、"在于"、"系"、"表示"等。由此，不仅判断本身各异，而且真实的（客观的）对应物（包括"存在"）也是多样的。换句话说，追问"是"（或者也包括"存在"）的性质，必然导向一个答案，而说明"是"（或者也包括"存在"）的功能及其如何可能的根据，就会产生许多（或一个以上）的答案。

其实，把哲学解释为自然科学和社会科学的"结晶"，指的应是无处不在的道理，所以也就是"多"。但是，各种道理都作为"道理"的性质则是"一"，所以历来哲学家才会去追求"一"，直到追求不得要领或没有结果的时候就把责任推给语言的局限。但是，思维并不仅仅依靠语言。比如，根据美国卡内基—梅隆大学的一项研究成果，复杂的思维是由大脑不同的子系统形成的，而不仅仅靠语言。[①] 换句话说，思维本身，以及"是"和相应的"想法"也是由大脑系统的不同部分及功能来完成的。因此，不仅语义上的"是"并不表示"真的"，甚至很难说表示肯定，而且"是"本身就是多种并存的和具有多重含义的。

不同的语言都能思维，以及不同语言的语法并不一样，已经表明答案的多样性可能。这种多样性包括形成思维系统的各种元素，比如种族、遗传、环境、地理、气候、文化等，所以不仅出现不同的语言文字，而且"是"的用法和含义在不同的语言文字中也是不同的。在此意义上讲，如果哲学问题只有一种答案，那么，"实践是检验真理的惟一标准"作为命题就是错误的，因为"真理"只有

① 会"读心"的人工智能问世 [N]. 参考消息，2017-06-28（7）.

一个且无须检验，所以"真理"才是任何"检验"得以进行的"标准"。在此，真理是"一"，而实践为"多"，所以逻辑结果应该是或者没有真理，或者可以有多种答案。相反，如果既有真理、又有多种答案，那么真理作为客观规律的特性（至少是主要特性之一）就在于它本身并不需要检验，而只能被发现，所以按照这个逻辑，说"真理是检验实践的惟一标准"才具有真实性。

其二，同质判断方面的悖论。

各种对于"是"的判断是同等性质的，而这种同质本身却最可能出现悖论。悖论的基本形式在于 A 是 B 是对的，A 是 B 是错的，或者 A 不是 B 是对的，A 不是 B 是错的。造成这种情况的症结有二，一是主词自我相关，另一是语言的虚拟性。

所谓主词自我相关，是指相关的主词并不是同一个意思，但却可以用同一个形式或词汇来表征，在这种情况下，任何具体的东西都可以和它的类概念构成主词自我相关。比如，在古老的悖论"克里特岛剃头匠给克里特岛人剃头"中，剃头匠和克里特岛人就构成了主词自我相关，因为这个剃头匠也是克里特岛人，但他不给自己剃头。由此，这个悖论的形式就是"克里特岛剃头匠给克里特岛人剃头是对的；克里特岛剃头匠给克里特岛人剃头是错的"，或者"克里特岛剃头匠不给克里特岛人剃头是对的；克里特岛剃头匠不给克里特岛人剃头是错的"。

至于语言的虚拟性，是指语法正确、语义清楚但却没有相应的存在或对应的实体形态。这方面最著名的悖论也许是罗素制造的，叫做"一个没有子集的集"，或者"由一切不属于自身的集合所组成的集合"。这个表述在语法和语义上都没有问题，但却并不存在，至少是不符合规定条件的存在，因为把"没有子集"作为"集"的一种类型是违背"集"的性质的。尽管后来策梅罗（Ernst Zermelo）、冯·诺伊曼（von Neumann）等人都很成功地提出了避免或解决罗素悖论的方案，但这些方案所根据的恰恰也都是不同的逻辑。[①] 因此，如果拆除悖论形式，罗素悖论的这种语言虚拟性就类似"一个三角形的圆"的表述形式。

事实上，悖论的存在标明了"是"本身"一"与"多"关系的理论形态和根据，所以才对哲学政治具有极其重要的现实意义。在哲学政治中，对悖论最常见的误解就是把它当成矛盾，因为悖论挑战的恰恰就是矛盾律所谓 A 必不是非 A，或 A 不能既是 B 又不是 B。比如，现代民主制度本身就潜藏着一个最基本的悖论：少数服从多数是民主的，少数服从多数是不民主的；保护少数是民主的，保护少数是不民主的。这里的理论问题当然也是主词的自我相关，但从实践的角度讲却是政治的故意，以便用替换概念的办法来解决（应该说回避）矛盾，也就是说，当民主在"是"的判断上被表现为数量的多少的时候，多数和少数的关系就成了和民主相关的主词，甚至是等同或替代了民主的主词。然而，正因为存在民主悖论，现代民主政治才是可能的，否则现行的各种民主政治都不可能实行，和平商议的形态也将随时、并很容易被打破。[②]

---

① 杜国平. 罗素悖论研究进展 [J]. 湖北大学学报（哲学社会科学版），2012（5）：1-6.

② 孙津. 超越民主 [M]. 上海：华东师范大学出版社，2017：46-70.

其三，哲学的作用和哲学政治。

上述"一"和"多"的关系本身以及悖论的存在和现实意义，构成了哲学政治的发生学理论根据。这样讲的道理在于，一个问题具有多种答案本来就是很自然的道理和事情，无论从逻辑还是经验来讲，事实都在于不仅有很多道理，而且还有很多具体的道理层面，它们构成了哲学的真实作用或价值根据。元哲学或哲学本身是为着发见和阐释"是"的，但由于这种发见和阐释同时又可以作为认识和分析具体问题或事物的方法，所以哲学方法才是探究自然运行和人类活动对错真假（也就是所谓规律）的手段，才有用，否则元哲学可能真的就只是砥砺智慧的游戏而已。

不难理解，哲学的价值主要由具体道理的落实来体现，而政治就是落实具体道理的最基本和最主要途径、方式和领域，因为政治要争取多数，就要不断地做出各种各样具体的"是"的判断及相应指令。无论怎样看待哲学，也不管用哲学去做什么，其关键的功能都是"说明"什么以及"发出"什么指令。因此，这种情况本身就显露了"元"哲学的特征、或者说哲学的本性，即作为判断之判断的"是"。但是，某个说明的对错与否、以及某项指令能否被贯彻执行都不是哲学说了算的，至少从实效的角度讲，它们都要由政治来决定，或者就是某种真实的政治，即我所谓的"哲学政治"。

经验表明，哲学无处不在，因为哲学所做的是对各种活动、存在、现象的道理的发见和阐释，但是，让人们知道、认同这些道理并按此去做，就是政治了。这样讲的最主要根据在于，政治的本性及其基本运作机制就是争取多数，比如赞成票、民心、舆论、蛊惑、武力等都可以、并且就都是为了构成相应的多数。其实，政治争取多数的性质是显而易见的：在人类所有活动领域中唯独政治需要多数，而且就是不停地争取多数。比如，需要赚钱的经济领域看起来也需要更多的购买者，但这并不是必须的多数，甚至不是人的多数，而只是钱的数量。正因为如此，实际上的购买者也不一定需要多数，因为商家既可以薄利多销，也可以采取只针对少数人群的高档消费。最为关键的是，对于任何政治目的、活动或行为的成败来讲，能够表示权力、态度、倾向的人数多少是至关重要的和起决定性作用的因素，而这一点对于经济等其他方面的成功与否、甚至被承认与否都没有关系。严格说来，不仅任何政治活动或行为都需要争取多数，而且真实的政治就是由各种动态的争取多数构成的。[1]

由于政治涉及、甚至主要处理的是权力、共同体（国家）、利益（社会）等要素，所以政治的特性和功能在于争取多数的真实含义，就是指在任何领域和任何方面都谋求统治或主导地位。一方面，这种统治或主导不仅要求和体现为人群和组织等主体或实体方面的多数，而且也包括思想、学说、观点、导向、价值观等观念形态方面的多数性认同，所以对各种哲学"道理"及其价值的落实所起的作用也最大。另一方面，哲学本身对于"是"的处理也有类似的争取多数特征，即对于"道理"的合理阐释和含义认同。在此意义上讲，哲学也具有自己的政治，或者说政治机制和特征。因此，哲学

---

① 孙津. 社会政治引论——政治的社会联结 [M]. 北京：中央编译出版社，2010: 16-28.

政治一方面指政治对于哲学道理和价值的落实或体现，另一方面也可以看作是哲学的政治形态。

如果说，前述"一"和"多"的关系表明，哲学是关于整体的道理，目的在于提出、论证、确定、守护价值，那么，价值的落实就是哲学的政治形态，同时也就是现实政治的主要作用。但是，这种落实价值的方法本身也是道理，所以它的有用与否又成为价值判断本身；而因为人是有意识、有追求、讲廉耻的，这种价值就又具有了伦理和道德的含义，叫做存在和生活的意义。这个意义自身的实践就是政治，或者说政治生活是支撑这个意义的主要领域和左右这个意义的主要能力。换句话说，哲学作为关于"是"的道理在实践上的价值体现就是政治。比如，如果马克思主义的历史唯物主义和辩证唯物主义是元哲学意义上的"是"，也就是作为何以为"是"的基本根据和原则的"一"，那么不仅有作为各种具体的"是"的"多"，而且这些众多的"是"还可以分出不同的类别或层面。比如，科学社会主义、共产主义是基本原则和终极目标；新民主主义、社会主义初级阶段等是社会性质；三个代表、科学发展观、中国梦等是发展形态；大跃进、全面小康社会、命运共同体等是具体目标。

二、作为哲学政治核心价值的发展

"发展"如何成为人类共同的文明追求、机制、甚至标准的原因应该是复杂的，不过从主观意愿来讲，启蒙运动以来形成的哲学政治是一个最主要和最重要的原因。中国哲学很早就认识到一个道理和多个道理的存在及其关系，比如以"道"为一，但这个"一"的体现则是变化无穷的"阴"和"阳"。同样，不管"道"还是"阴阳"，它们的价值都落实为具体的实践，尤其是政治（以及伦理）实践。与中国不同，西方哲学一直在追求一个道理，只是这种追求在启蒙运动以后自觉和不自觉地走向了一个道理和多个道理的关系，也就是承认了一个问题可以有多种答案，从而把"发展"当成了哲学政治的核心价值。

由于发展已经成为天经地义的文明目标和集体无意识，所以几乎没有人再去认真思考发展的真实含义。如果要用极为简括的话来表明这个含义，那么可以说发展就是占有和享用多余的东西。人总是想过好日子的，但只有发展把这种好日子建立在各种（主要是物质财富）多余的基础和前提上。相对说来，与人口增多、分工细密、交往频繁、以及生活条件改善等文明要素的自然状况相适应的经济规模扩大和财富增多叫做"增长"，而超出这个适应以外的欲求及其物质支撑才叫做"发展"。正是在前述"多余"的意义上、并借用了"发展"这个词，才有了经济领域以外的各种发展，比如社会、政治、文化、环境以及人的自由等其他领域和方面的发展，指的是向着所谓更新、更高、更多、更好的不断欲求。

从实践的角度来看，哲学本来就有多种答案，所以"是"才如此迷人，但哲学政治把"是"本身的"一"和"多"变成了对于一个问题多种答案的接受，所以"多余"、即超出需要的欲求也就能够作为正常的和必要的需求被接受，并逐渐成为公认的道德。在这个意义上讲，启蒙运动以来形成的允许一个问题有多个答案的哲学政治，与将"发展"作为核心价值的做法是互为因果、甚至互为表里的，因为无论从逻辑还是经验上都不难看出，如果真理只有一个答案，那么发展如何可欲、可求以及可享的根据就应该是一致的。为了减少和解决达成这种一致的困难，最为明智的办法就是允许一个问题有多个答案，从而用不同的针对来使相应根据的提供变得比较容易。比如，把过更高级、更富裕、更新奇、更多彩的好日子当成理所当然的"可欲"；把现代化竞争或追赶本身当成"可求"的合理性和合法性；把各领域和方面的不断创新作为"可享"的证明和兑现。

对于上述问题，可以从哲学本身以及哲学政治的理论和实践等方面来讨论，不过为了节省篇幅，有两个主要原因可以略去中国只讲西方的情况。其一，历史上中国哲学和哲学政治讲求礼义廉耻，所以只需要与人口规模相适应的增长，并不强调把科学技术作为发展的手段，甚至故意不把科学技术（比如四大发明）转换为生产力。但是其二，时至今日，不仅现代化及其指标，就连学术方法和学科规范也都是西方的规则占主导地位，甚至就是西方的规则和方法，以至于中国不仅也按照这种哲学政治在西方之后奋起直追地搞现代化，而且更是明确地把"发展"作为"硬道理"。

其一，认可一个问题多种答案的启蒙哲学传统。

看起来，"是"的"一"和"多"关系以及悖论的存在已经表明，一个问题具有多种答案不仅是合理的，而且是必然的，然而细致分析的结果却未必如此简单。首先，"是"的"一"和"多"关系所表示的是不同性质的判断，所以"一"本身以及遵守"一"的各种道理都不可能是"多"，只有不同判断的根据以及所根据的"是"才可能是"多"。其次，悖论只有在同质的判断中才成立，所以它不仅对异质的判断不具有"多"与否的意义，严格说来也不涉及"是"本身的"一"和"多"关系。

无论从"是"本身的"一"和"多"关系、还是其在哲学政治相应的价值实现来讲，一个问题是否以及能否具有多种答案的关键都是因果关系。休谟的怀疑论直接导致对因果关系的不承认，其根本原因在于他认为这种关系是不可经验的和看不见的。因此，这种不承认其实是反对理性、主张经验的结果，也就是说，原因与结果都是经验的范畴，并不能通过理性来发现。[①] 显然，经验很容易导致一个问题的多种答案，而且它们都有各自的合理性和逻辑根据。这个遗产最为明显的继承者应该是后来的逻辑实证主义（比如罗素、艾耶尔等）和现象学（尤其是胡塞尔）。胡塞尔认为，休谟所谓不可经验的和看不见的领域恰恰就是精神（心灵）独自专有的，所以真实的只是逻辑陈述系统中的形式关系，而不是具体事件，当然更不是因果关系。[②] 事实上，休谟不仅为一个问题多个答案打开了大门，而且干脆认为判断的"是"无论正确与否都不能由此推导出"应该"，因为推理的知识并不可靠，而所有的道德更是完全由

---

① ［英］休谟 . 人类理智研究 [M]// 西方哲学原著选读：上卷 . 北京：商务印书馆，1981：519-526.

② 李幼蒸，胡塞尔 [M]// 西方著名哲学家评传续编：下卷 . 济南：山东人民出版社，1986：63-128.

情感来决定的。① 这样一来，道德所具有的是非对错的正义性就不复存在了，有的只是由不同的逻辑根据所支持的多种选择和状态，也就是类似后来罗尔斯"无知之幕"所说的那种技术层面的公平合理。②

启蒙运动之前，几乎所有哲学学说都在寻找"一"，也就是真理和存在的惟一性。启蒙运动之后，实证主义、现象学（和存在主义）以及维特根斯坦其实也是这样，不过没想到的是，当他们更多从理性或工具的角度探求"一"的时候，恰好说明了答案的"多"。比如，从对于所谓不能说的事"就应该沉默"来看，维特根斯坦也认为形而上学无法确定"是"的对否，但他关于语言的"家族类似"的说法，已经最为明确地把众多具体的"是"作为同类，或者至少是可以在同质的意义上得以沟通的与件了。③ 事实上，罗素应该也是同意语言的这种特性的，因为他说为了让大家理解，就不得不放弃语言在个体、经验、情感等各方面的"表达"差异。④ 换句话说，不管是语言的局限还是真实的想法，只有在保留或允许一个问题多种答案的前提下，最为一致的"是"乃至各种真真假假的"是"才是可能的。

---

① [英]休谟.人性论[M].石碧球译，北京：中国社会科学出版社，2009：491-505.

② [美]罗尔斯.作为公平的正义——正义新论[M].姚大志译，上海：上海三联出版社，2002：140-145.

③ [奥]维特根斯坦.逻辑哲学论[M].贺绍甲译，北京：商务印书馆，1996：121；哲学研究[M].李步楼.译，北京：商务印书馆，2008：47-48、131.

④ [英]罗素.人类的知识——其范围与限度[M].张金言译，北京：商务印书馆，1983：68-175.

其二，哲学政治对"发展"的理论支撑。

启蒙运动并不是一个统一的思潮，但相应的哲学观点都接受了一个问题多种答案。无论从"对错"还是"规律"的角度来讲，真理作为一种"道理"都应该是惟一的，也就是只能有一个。但是，也许是因为反对教会的原因，启蒙理性把真理弄成多种多样的"知识"了，从而一个问题也就可以有多种答案了。启蒙主义哲学反对迷信（有时候把宗教也当作迷信），所以就摒弃答案的"一"，不管是先验的、信仰的、迷信的、还是实证的"一"，于是一个问题多个答案就成了理性的必然选择。事实上，这种情况还体现为启蒙理性自身的多重性特征。比如，启蒙的贤哲们痛恨教会，却对宗教信仰保持敬重；向往创新，却又秉持传统；崇尚科学，却更偏爱个性；标举民主，却更突出自由；鼓吹工业技术，却更看重优雅风度。对于这种情况进行十分细致丰富描写的，也许要数彼得·盖伊了。[①]所有这些表明，对于启蒙运动形成的哲学政治来讲，"一"和"多"已不再是一个基本原则的"是"和多个具体针对的"是"的关系，而是"是"本身的多种答案或多重可能。

在上述看似矛盾的情况中，统一或一致的东西就是对历史上各种理性的批判，因为理性已经被作为批判（或批判功能）本身，所以相应的哲学政治包括自然主义、经验主义甚至无神论等各种学说，就是不包括真理。无论是发现真理、砥砺智慧、还是阐释道理、教

---

① [美]彼得·盖伊.启蒙时代：（上）[M].刘北成译，上海：上海人民出版社，2015：5-23.

诲人生，哲学只要想发挥作用，首先就必须假定一个静止的瞬间，所以任何一种"是"就都是打破静止的重新开始，所以就是发展，也就是竞争。可以认为启蒙必然并直接导致了现代化，但启蒙并不是现代化。哲学政治在这里的真实作用，就是把现代化等同于进步和发展，所以传统和落后不仅成为现代化的对立面，而且不发展也就成为不道德。这个作用和相应的认识互为因果和互为表里，用了大约两百多年时间，终于使现代化成为全球范围穷国追赶富国的持续竞争运动。①

但是，随着哲学政治越来越追求现代化的量化标准，现代化的这种追赶特性和真实含义也就越来越被掩盖起来，因为量化标准不仅就是值得认可和追求的发展，而且还和现代化构成了两个自我相关的主词。在此意义上讲，启蒙的哲学政治对于发展的理论支持，就体现为将发展作为和现代化一样的价值观，或者说，发展同时在目的和手段的意义上使现代化追赶成为值得认同和追求的主流价值观。不仅如此，发展甚至成了连接价值观和现代化追赶的机制性中介，从而使自己具有了价值观（或价值导向）的合法性和合理性。

如果说，维特根斯坦没有真正认识到哲学的局限并不在于语言，而是答案的多样性，那么，韦伯则早就用这种多样性肯定了发展的合理性。为了从哲学上讲的通，更是哲学政治本身的功能体现，韦伯把新教伦理和资本主义都作为发财有理的多个答案或根据。韦伯

---

① 孙津.打开视域——比较现代化研究[M].北京：社会科学文献出版社，2004: 10-14.

的证明细致缜密，不过简括说来，就是在内容纷繁的文化和思想中把"理性主义"作为"一"独立出来，从而可以由此连接和统一作为"多"的"新教伦理"和"资本主义精神"。这种"一"和"多"所标明的就是允许一个问题具有多种答案，其主要功能在于宣称赚钱发财、甚至追求利润最大化不仅"正当、合理"，而且是人应该遵从和履行的一种"天职"或"职业责任"。①

其三，哲学政治的实践结果。

需要说明的是，这里的实践并不是指具体的制度安置和政治活动，而是相对上述哲学本身和哲学政治理论而言的相应效果描述。这方面最重要、但从未明确宣称的作用因素，就是前面讲过的悖论，即怎样做都能为自己找到合理根据。其实，这种实践结果和政治自身的争取多数特性是一致的，也就是常说的没有永远的敌人，也没有永远的朋友。由此，启蒙运动以后哲学的"多"不再是逻辑，而是理性的利益，与此相应，哲学政治最重要保护的就是赚钱，而且是多多益善的利润最大化。喜欢物质财富也许可以看作是人的本性，但发展并不是人的本性，也不是古已有之的文明形态。事实上，哲学政治在两个主要方面的持续努力不可避免地制造出了"发展"：一方面是对科学技术的肯定和推崇，尤其是将其转换为生产力，另一方面是民主政治对市场经济的保护和支撑。直到今天，发展不仅仍是，而且不可逆地越来越是哲学政治关注的核心价值观。

---

① ［德］韦伯.新教伦理与资本主义精神 [M].于晓，陈维纲译，北京：三联书店，1987：127-128.

从发生的角度来讲，经由 1640 英国革命、1688 光荣革命、1776 美国独立宣言、1789 法国革命，启蒙理性在政治上确立并基本巩固了民主制度，其主要功能就是维护资本主义私有观念和私有制。在这整个过程中，为其发生和功能提供了物质（及财富）支撑的应该是工业革命，而这种物质（及财富）的运作机制，就是民主政治极力保护的市场经济。在此意义上讲，"发展"是启蒙理性的哲学政治制造出来的一个历史范畴，并延续至今。换句话说，发展不仅是启蒙理性的遗产，而且是现实文明的核心价值，就其作用来讲，则是不断创新，也叫做进步。这个过程仍在继续，其最基本和最典型的哲学政治道理实施，就是市场经济制度和民主政治制度对于自由地发展或自由发展的权利的保护。

就哲学政治实践的真实情况来讲，发展确实在文明的意义上成为真正的、甚至惟一值得关注的价值，但发展本身并不等于道德，相反，是资本运行的多种答案必然带来的野蛮和贪婪。伴随着哲学政治的多种答案，产生了政治压迫、经济剥削、军事侵略、文化殖民；与此相应，现代化是从列强把世界瓜分完毕开始的。于是，为了掩饰殖民扩张就把"传统"与"落后"等同，并作为进步的对立面，从而为"发展"提供了合理性根据。但是，现代史上所有的殖民和霸权、比如鸦片战争和甲午战争都是野蛮打败文明的侵略，而不是因为落后而应该招致的挨打。① 在此意义上讲，"落后就要挨打"

---

① 王晓峰，富强.国家兴衰的历史沉思 [J].中国浦东干部学院学报，2017（3）：77-84.

所表述的并不是事实，更不是道德，而是"发展"的强权性和不可逆性。由此也就不难理解，不管什么样的发展和现代化竞争（包括双赢、共赢、绿色、可持续等），它们的合理性和合法性都潜藏着一个共同的哲学政治道理或答案，即允许为了自己而牺牲他人。

三、发展与溃灭的共生

从上述关于"是"的哲学探索及其哲学政治的境况可以看出，如果赚钱发财是人类更普遍也更古老的本性，那么"发展"不过是近二、三百年来哲学的主观游戏及其政治应用带来的结果。中国哲学本来还可以用阴阳和谐、天人合一等思想来回避竞争，但现实的哲学政治不仅使中国也认同了"发展"，而且今日已成为发展最快、成就最显的大国。但是，发展得以延续的支撑以及发展本身的形态都体现为一种文明的灾祸，即数量上的不平衡和质量上的不必要，也就是巨大的贫富差距以及无目的、无价值和无限度的消费。因此，发展和人类的溃灭一开始就是共生的，只不过这种共生关系在今天更加明显，也就是由潜在的共生状态转向了显在的溃灭加速度。

其实，一个问题有多种答案不仅是自古以来的事实，也是作为关于"是"的根据和方式的哲学天生就有的逻辑，只是当这种情况被启蒙运动以来形成的哲学政治确定并公开的时候，发展以及如何发展才必然成为哲学政治的核心主题，甚至成为哲学本身的主要价值。在此意义上讲，发展已作为可欲的答案而成为现实的真理，就像沃勒斯坦所看到的，复杂的现实使得真理也是复杂的，所以从时间的角度讲，可能的东西比实在的东西更丰富，而社会科学也只能把现实解释为被建构的现实。在这种情境中，尽管乌托邦仍可以作为经久不衰的责任，但各种相应的确定性已经被终结。① 换句话说，如何对待发展与溃灭的共生，是当今哲学政治不可回避的核心问题。

发展与溃灭共生的最根本原因在于，发展作为一个历史范畴是由启蒙理性的哲学政治催生和确立的，所以发展本身必将以各种多余或不必需作为延续自己的基本条件，而当这些条件过于充分以至于自己独立之日，就是潜藏并伴随着发展的溃灭因素占主导地位之时。对于哲学政治来讲，"发展"从一开始就是哲学对私欲的纵容，其中发展的合理性可以是多个"是"，但发展的合法性则必须是一个"是"，因为这不过就是驱使所有人和事物都卷入发展运动的能力。由此，发展与溃灭的共生关系就在于不发展已经成为本体性的不道德，于是一方面人类只能被卷入（也许更为恰当的说法是自觉地投入）无止境的竞争追赶而累死，另一方面则只能被困在（也许更为恰当的说法是被陶醉在）发展造成的体制化生存状态中无聊而死。事实上，这样的情况不仅已经出现，而且正在进入越来越快的溃灭加速度。

大致说来，可以从五个主要方面来说明发展与溃灭的这种共生关系及其溃灭加速度的主要表现，即把手段当目的、欺诈投机、解

---

① ［美］伊曼纽尔·沃勒斯坦.所知世界的终结——21世纪的社会科学 [M]. 冯炳昆译，北京：社会科学文献出版社，2002：232-237.

构伦理、意义的丧失以及对灾祸故意视而不见等。这几个方面相互关联和交叉重叠，同时也在所表明的问题上有着道德、伦理、技术、认识等方面的各自侧重。

其一，把手段当成目的的拜金主义。

当今发展的一个主要困难，就是手段和目的的矛盾。从一个问题多种答案的角度来讲，好的物质生活和更多的财富只是发展逻辑的一种结果状态，所以赚了钱和发了财也可以不选择或放弃好的物质生活和更多财富。但是，由于发展同时既作为运作手段又作为价值导向，使得赚钱和发财不仅成为目的本身，而且就是道德和进步的确证和体现。正是由于这种把手段当作目的的拜金主义，结果只能是一方面人类已经创造出了足够多的财富，另一方面却是世界上仍不断出现的大规模饥饿和各种战乱。

既要发展，同时又要保持好的生态环境，已经成为具有普遍性的高度共识，也是如何处理手段和目的矛盾的一个重要内容和主要任务。本来，发展是不断提高社会生产力的手段，而所希冀的生存状态才是目的，然而，赚钱的欲望以及相互竞争追赶的压力或集体无意识，已经使发展把手段本身当成了目的。比如，好的生态环境就是目的，赚钱和提升生产力才是手段，所以绿水青山就是绿水青山；但是好的生态环境本身也能够带来物质财富或金钱收益，所以才说它们也是金山银山。如果对生态和发展的这层关系缺乏自觉性，或者说陷入盲目性和片面性，那么诸如"搭建绿水青山通向金山银山的桥梁""保护生态环境就是发展生产力"之类的口号，就很容易产生把手段当成目的，或手段和目的相混淆的误导。

把手段当作目的的拜金主义已经成为现实的运行机制，其最直接结果就是全球范围贫富差距的不断扩大，也就是数量的不平衡，而且所有不同社会制度的情况都是如此。根据瑞士信贷银行的研究报告，2017 年全世界最富有的 10% 人口拥有全球总资产的 88%，而按财富多寡排序靠后的全球一半家庭的财富还不足全球财富的 1%，而且这种贫富差距仍将以更快的速度扩大。① 根据 100 多位经济学家对 80 多个国家 1980 年到 2016 年相关情况的调查，世界各国的贫富差距都在扩大。比如，在这 36 年中，占全球人口 1% 的最富裕阶层收入增长占总增长的 27%，占 50% 人口的最穷阶层人群收入增长只占总增长的 12%，而居中的所谓中产阶级的收入增长几乎为零。对不同地区的调查情况也表明，各种社会制度对遏制贫富差异的作用都不大。比如，就 2016 年各国占总人口 10% 的富裕阶层的收入占国内总收入的比例来看，欧洲为 37%，中国为 41%，北美为 47%，印度和巴西各为 55%。② 如果说美国是世界上最发达的国家，那么它的贫富差距也最大，而且持续加大。比如，从 1970 年到 2019 年，在纳税和财产转移后，美国全国人口 50% 的收入最低群体的平均年收入只增加了 8000 美元，升幅也仅仅是 1.5 倍，即从 1.9 万到 2.7 万美元，而人口 1% 的富人平均收入升幅是 3 倍、0.1% 的富人是 4 倍、0.01% 的富人是 6 倍。③ 尽管消除贫困是全球性工作和义务，但联合国秘书长还是宣布，2020 年全球又有 1800 万至

---

① 1% 最富人群拥有世界一半家庭财产 [N]. 参考消息，2017-11-16（4）.

② 世界各国贫富差距普遍加剧 [N]. 参考消息，2017-12-16（6）.

③ 美国贫富差距急剧扩大 [N]. 参考消息，2019-12-15（4）.

2700 万人陷入赤贫。①

　　一般说来，世界各国造成贫富不均的根本原因都在于制度，然而当把发展作为合乎道德的目的的时候，贫富差距及其持续地扩大就被看作所谓发展的不平衡，不仅制度因素或作用被淡化了，而且还认定这种不平衡也只能通过继续不断地发展来改善，即所谓共赢、双赢之类。其实，这只是发展把手段当作目的所需要的自欺欺人罢了，但却必须这样做，否则不仅赤裸裸的拜金主义容易受到批判，而且各国以及人们进行现代化竞争和追赶的动力也将失去。

　　其二，虚拟经济的欺诈投机。

　　由于手段变成了目的，最有利可图的拜金主义干脆就直接以金钱为对象，也就是以所谓虚拟经济的方式进行由钱生钱的欺诈投机。开始，金融以虚拟资本的方式，在为经济发展服务的同时从实体资本的利润中收取佣金。随着金融业本身的发展，虚拟资本以各种资本的纸质或数字形态进行封闭的轮番炒作，从中赚取超额和巨额的投机利润。从本质上讲，这种投机利润所运作的对象或工具只是所谓信心或预期之类的心理因素，所以等同于赌博，但发展却将此认为是金融文明的创新，以至于虚拟经济及其金融投机已经远远大于实体经济的财富支撑或负荷。在这种情况下，虚拟经济不仅以伤害实体经济为前提，而且造成整个人类财富的浪费和贬值，最明显的反应就是通货膨胀和滞胀、实体经济投资减弱、经济停滞、消费驱动乏力、就业困难、股市泡沫、房地产泡沫等情况。

---

　　① 　全球赤贫人口 22 年来首次增长 [N]. 参考消息，2021-01-08（6）.

虚拟经济欺诈投机特性的最直接反映，就是股市与经济增长严重脱节。根据美国《华尔街日报》网站 2017 年 11 月 19 日的报道，在过去的十多年里，发达国家的经济增长缓慢，股市却一直表现强劲，而新兴市场国家（尤其是中国、印度等国家）虽然经济高速增长，股市却不增反跌。① 不过，这篇报道的目的并不在于如何使股市与经济增长同步，而是找到股市如何能在新兴市场国家那里获得巨大好处的办法。由此可以看出，虚拟经济不过是假装为经济和社会的发展服务，实际上却是把发展本身作为目的的又一极端异化形态，包括一边制造或带来金融危机，一边却直接由危机继续并更多获利。瑞士信贷银行的报告显示，正是由于全球股市市值的猛涨，世界最富有 500 人的财富仅在 2017 年就增长了一万亿美元，而世界最富有的 1% 人口拥有的财富在全球财富总额中的比例，已从 2008 年金融危机时的 42.5% 上升到 2017 年的 50.1%。② 尽管贫富差距的原因很多，但虚拟经济以及金融和信息的欺诈投机显然不仅也是造成这种差距的主要因素，更是促成这种差距加大的重要动力。

出于由钱生钱的巨大诱惑，各种虚拟经济运作，包括企业的资产证券化、员工持股、加密的虚拟货币等做法已经使投机食利成为商品经济和财富增长的常态。然而，当这种常态成为目的本身时，虚拟经济、甚至金融本身所具有的欺诈投机特性就被掩盖了。因此，尽管人们已经看到了经济领域中"脱实向虚"的种种弊端和危险，

① 为何股市与经济增长不同步 [N]. 参考消息，2017-11-22（4）.
② 世界 500 大富豪今年财富猛增 [N]. 参考消息，2017-12-29（4）.

但一般仍从如何"健康"发展经济或金融的角度来想办法。其实，无论市场自由还是政府监管，也不管合法经营还是非法运作，总之真实的物质财富是不可能从由钱生钱的运作中产生的，或者说，钱永远都不是真实的物质财富。因此，虚拟经济的欺诈投机特性必然、并已经产生出了新的不平等劳动分工和阶级分化，包括真正从事物质财富创造的人却只能越来越处于工作又脏、又累、又危险而报酬又最少的境况。

其三，便捷化和人工智能化的伦理解构。

面对全球范围的产能过剩、市场疲软、消费乏力和贫富差距，"发展"想出了一个继续维持自己的办法，就是用便捷化和人工智能化来导引、诱使、开辟新的市场。这种做法不仅不道德地把目的手段化，而且彻底解构了伦理，因为这不仅仅是物质数量上的不必要，而且更是人的生存本身的非伦理化。相对说来，虽然由钱生钱的欺诈投机已经是质变，但还维持和体现为量的形式，而便捷化和人工智能化则是彻底的质变，即将此变成了生存形态的主要价值选择、动因诱使、甚至功能机制。发展必然导致各方面，尤其是普通人生活方面的便捷化，并反过来以不断的便捷化来维持发展，直至最终否弃了人的伦理特性和道德自觉。这样讲的道理很明显，即作为具有自觉意识的物种，人对于便捷的需要和追求应该有一个限度，

---

① 陈文通.对"脱实向虚"的经济学分析 [J].中国浦东干部学院学报，2017（3）：39-64.

② 孙津.阶级分析的适用针对及其变化 [J].当代世界与社会主义，2013（6）：45-50.

因为只有机器的逻辑才需要不断地便捷化，而且机器本身的功能也必然会不断地便捷和智能。相反，如果具有自由意志的人甘愿让人工智能来料理自己的生活，那么人也就成为机器的附属品了。比如，张天翼小说《大林和小林》中大林的那种饭来张口、不用伸手、甚至不用咀嚼的全方位伺候今天已成为现实，不过伺候者不是仆人或服务生，而是智能机器人。①

除了以开辟新市场为目标，便捷化和人工智能化还助长了发展的手段目的化和虚拟经济的欺诈投机。比如，正是借助了信息化和网络化的便捷，金融投机才可能对越来越多的人具有强大诱惑力，以至于人们不仅忙于"理财"，陷入各种所谓金融衍生物中乐此不疲，而且自愿地上各种网络和金融诈骗的当。就连消费的形式，也利用便捷化的宣传和方式掩盖了其金融投机、甚至欺诈的实质，比如各种网购、抢红包、可兑换的积分以及支付宝、甚至比特币等。由此，上网、虚拟、填表、甚至点击等行为都已经成了发展本身的内容和形式，而人性的贪婪和便捷的懒惰更是由此达致完美融合或无缝对接，成为人最彻底的道德堕落和伦理解构，即否定自身。

其实，问题的实质不是发展在"量"上的多少，而是支撑发展的"便捷"动力或诱使。换句话说，便捷化和人工智能化一方面被作为生活质量的"一"，另一方面也已经成为发展手段目的化的"多"。但是，无限制地追求便捷不仅会导致体力技能的衰退，而且本身就是不断放弃智能的过程。最具有质变的，也就是真正无度

---

① "饭来张口"梦想成真 [N]. 北京日报，2017-06-23（20）.

的、解构伦理的"便捷"就是网络的开发，以及人工智能技术的应用，尤其是互联网技术和人工智能技术服务的生活化。用各种智能化技术为生活服务，已经违背了人的伦理存在，因为这些技术服务使有自由意识的人下意识地把自己变成了工具，甚至不过是一架复杂机器上的零部件。比如，当一个开车的人采用无人驾驶程序的时候，他已经失去了伦理的存在，成为一个和汽车及其零部件合放在一起的物件，最多也只能算是与机器合为一体的活物。

事实上，当网络（以及所谓信息化和人工智能）提供（创新）每一项便捷技术或服务的同时，也就带来了更多的麻烦，并都不可避免地伴随着人对技术相应的弱智化依赖。但是，在便捷化的诱使下，网络化发展已经将人越来越紧密地牢笼在各种异化的网格中，可以毫不夸张地说，在今天，离不开网络的人实际上已经成为技术的工具或附属，难怪斯蒂芬·霍金 2017 年 12 月 14 日在英国《每日快报》的网站上说："人工智能的全面开发可能预示着人类的终结。"[①]

很显然，霍金设想的这种"终结"并不一定旨在或要等到人类肉身的毁灭，更大的可能是道德上的溃灭。比如，为了增加人工智能的可靠性和安全性，现在的主流思路和手段是设法把伦理嵌入人工智能技术，叫做"道德算法"。但是，无论采取什么技术，这种"嵌入"仍然是事先计算好的程序，所以它在最好的情况下也只是一种消极应对。更为关键的是，道德不是教条，人的道德行为更是

① 人工智能是否危及人类生存 [N]. 参考消息，2017-12月 17（7）.

具有自主选择的特性。因此，即使能够把道德原则及所有相应的情况条分缕析为各种程序接点和指令，机器能否具有应用判断的正确性也很难说，甚至它的"自主"运行恰恰会对人的道德性产生致命威胁。

其四，广告式生活的意义丧失。

本来，广告只是广而告之某件事情，用在经济上则是制造影响、扩大销路，然而如今已成为哲学政治最为惯见的常态，而且不管哪种制度都是如此。也许，对于一个真实的存在来讲，没有没有内容的形式、也没有没有形式的内容这句话是对的。但是，广告不是真实的存在，所以它只有形式没有内容，或者说内容与它无关。比如，竞选总统不仅是以广告化的形式来进行的，而且获胜的总统也是用广告化的方式来执政的，说了什么以及怎么说的和做了什么以及怎么做的全然无关。但是，纯粹的形式并非不能带来利益，恰恰相反，广告化运作为的就是获取利益，而且是与运作形式相分离的利益。换句话说，这种利益如果算作某种内容，那它也是不属于广告本身的内容。

如果说，便捷化和人工智能化不过是为了能够使产品有市场，叫做消费拉动，那么，广告式生活则体现了所有"先进技术"的共同特征，即世界已经根本不存在需求市场，一切都由广告说了算，甚至一切都成了广告。这种广告化的前提和原则在于，广告明知并不存在任何需求，一切都是广告宣传出来的，但广告并不欺骗谁，而是编织出各种具有导向性的示范，诱惑人们去选择。因此，真实的意义已经不重要，甚至"意义"本身也成为多余的东西，需要的只是或者按照广告的导向去做，或者干脆什么也不做。问题在于，做与不做都丝毫不影响广告化运行本身，因为这种运行不过是一种惯性和集体无意识，其中没有内容和意义，形同没有矢量的随机复制。

与发展把手段当成目的一样，广告的导向诱惑也具有了目的的性质，以至于不仅经济，而且所有领域和各种活动都不得不充分或彻底广告化了。撇开自我推销不谈，网络化和信息化技术使得各行各业、各色人等、各种政令、各项任务都不得不以广告式运作为前提，这至少是因为网络和信息的运用本身就是广告化的常态。在这种广告式生活中，一切东西（领域、活动、事件以及人本身）都失去了意义，因为广告取得了功能特性意义上的普遍性，而生活其中的人则毫无区别地被对象化了。由此，不管"多数"还是"少数"都必须使自己充分广告化，以至于从商业、娱乐、服务、教育、宣传、公益直到竞选总统，所有的一切都已经彻底按照广告的方式来运作，或者说完全广告化了。广告式生活的异化特性，就在于使普遍的无意义本身成为真实的"意义"，所有的人也就只能卷入其中跟着走，掩耳盗铃般地相信前景美好。

其五，哲学的视而不见。

我们是从哲学开始谈到发展问题的，所以哲学对上述情况的视而不见，本身就是发展与溃灭共生的体现。作为认识万物的工具，哲学是人发明的，而能否真正认识对象，或者叫做符合客观规律则是一个与人同在的永恒问题，因为这不过就是无限时间中的持续实践。换句话说，只要人存在，真理的问题就永远存在，所以哲学本应该看到，任何东西都有终结，包括被造出来的发展和被发明出来的哲学。但是，哲学政治为了标举发展就只能对此视而不见，甚至故意掩饰这一点，致使发展的前景不过是溃灭的加速而已。因此，尽管我们可能永远不知道包括人类在内的万物的历史究竟是怎样的，但我们却能够清楚（或者应该说清醒）认识到哲学本应该看到的结局，即或者彻底溃灭，或者转为另一景象。不管哪一种情况，其中什么都可能有，唯独不可能有发展，包括所谓可持续发展。

或许，学界已经看到了人类彻底溃灭、包括肉体灭绝的可能。牛津大学人类未来研究所和"应对全球挑战"基金会的一个研究团队公布了一份研究报告，说经过"科学评估"，世界毁灭的可能性主要包括 12 种方式或途径，即未知的影响因素、小行星撞击、人工智能、超级火山爆发、生态系统解体、糟糕的全球治理、全球体系崩溃、极端气候变化、核战争、全球流行病、合成生物学、纳米技术，而这 12 种方式中可能性最高的就是作为最先进科技的人工智能！① 根据英国《独立报》网站 2017 年 6 月 21 日报道，霍金明确认为，即使没有气候变化、小行星相撞或其他灾难性的宇宙事件，人类也必定在不远的将来通过"战争、疾病和大规模毁灭性武器"自我毁灭。但是，当今天的哲学政治采取两个自欺欺人的办法以避免溃灭的时候，哲学却听之任之，甚至推波助澜。

一个办法是所谓转型升级，也就是用更加科学高效的方式加倍、

---

① 牛津描绘 12 种末日情景：从生态崩溃到人工智能 [N]. 参考消息，2015-02-15（7）.

并加速发展。但是，从全世界来看，有高端产业就有为此配套的低端产业；有高附加值业态就有作为其基础的低利润、甚至无利润的生产；有各种高科技知识产权就有相应的技术垄断和利润控制。即使是所谓绿色、清洁、节能等等办法，只要它们仍旨在发展，前述诸项溃灭景象就只会加剧而不会减少。另一个办法就是逃离地球。这方面的科研既尖端又迫切，就连相信人类就要毁灭的霍金也加入进来，说他已经着手研究一种能以五分之一光速飞行的航天器，使之能够在 25 年内抵达最近的恒星并发回有可能作为"第二地球"的图像资料，以便向那里移民。[①] 还有一些更为科幻的猜想，比如克里斯·英庇（Chris Impey）认为，人类、星球和宇宙都将终结，不过更为智慧的人或什么物种很可能会进入"多元宇宙"，甚至还能够构建"虚拟人生"。[②]

上述情况表明，当事物走向自己反面的时候，人的溃灭不仅是一个物质问题，更是人这个物种与地球整体存在的伦理关系问题。从技术角度讲，即使能够飞到新的星球，也只能是一小撮人去，而且已经充分腐化懒惰的地球人能否适应新的星球也很难说。然而更为本质的问题在于，逃出地球本身就是人类的溃灭，因为这无异于解构和否弃了人与地球一体存在的伦理特性和关系。一方面，人这个物种正面临着大灭绝，另一方面，人的新生完全取决于人的自救。

---

① 英媒：霍金研发航天器探索"第二地球"[N]. 参考消息，2017-06-23 日（7）.

② [英]克里斯·英庇. 万物终有时——人类、星球和宇宙如何终结 [M]. 周敏译，上海：上海科学技术出版社，2015：226-231.

因此，现今哲学没有意识到，或者视而不见的是，问题的本质在于观念上的彻底改变而不是某个方法的选择，因为转型升级和逃出地球都不能阻止（如果不是加速的话）溃灭。

如果今天的哲学是自觉的，而且相应的哲学政治是负责的，那么就不难看出，惟一可能的出路应该是控制发展，或者叫做适度发展，而这个要适应的"度"，就是人和地球作为一个自组织系统的整体新变化或跃迁。现在还很难描述这个新变化或跃迁的具体状况，但变化或跃迁的一个重要根据却是人口的规模，因为发展与溃灭所"共生"的不仅是与人的存在相伴随的文明形态及其作用，更是人自身的生产。联合国经济与社会事务部在《世界人口展望：2017 年修订版》中说，2022 年印度的人口将超过中国，而世界人口将在2030 年达到 86 亿，2050 年达到 98 亿，2100 年达到 112 亿。[1] 不过，权威的学术杂志《柳叶刀》却公布一项研究结果，说世界上的人口不会达到 100 亿。[2] 这就是说，现在地球上的人口即将接近的1010 次方，然后就将稳定在这个规模。

很可能，1010 次方这个有趣而又神秘的数字表示的是一种极限，也就是既定结构的稳定状态将发生变化，并产生出新的东西。比如，当作为物质的稳定单元的原子数在某个分子级别的自组织单位中集聚到 1010 个以上时，地球上才出现活细胞，即最简单的生命形式；当生命向具有内省意识的功能跃迁进化时，人脑平均包含

---

① 联合国发布报告：七年后印度人口将超过中国 [N]. 参考消息，2017-06-23（8）.

② 世界人口不会达百亿 [N]. 参考消息，2020-07-16（8）.

1011 个神经细胞或神经元以及 1014 个突出连接，而其中有 1010 个神经元集中在只有人才具有的主管思维的大脑皮层。[1] 人是惟一能够改变地球、并且为着改变地球而奋斗的生物，所以才会有气候变暖、物种多样性减损等危及人类生存的大问题，所谓"人类纪"表达的就是这个意思。然而正因为如此，人其实也是地球的"大脑"，而 100 亿（即 1010）很可能就是人和地球共同构成具有意识的自组织单位所需要的基本人口规模。所谓适度发展的新变化，指的应该是在这个基本规模或拐点上人和地球的一体化跃迁。[2]

四、结语

政治被看作一种围绕权力的活动，而一般说来，掌握权力的政治力量（主要指政权）也就掌握了公共资源的分配。这种看法并不错，但是从政治的普遍性来讲，它还有一个极为重要的功能，就是争取多数，而且从手段和过程来讲，争取多数也是政治运作的基本形态。在今天，政治本身已经发生变化，对象性的政权争斗，尤其是发动全社会参加的暴力斗争几乎不可能了，而直接控制和参与

---

[1]　［英］彼得·罗素.地球脑的觉醒——进化的下一次飞跃 [M]. 张文毅，贾晓光译，黑龙江人民出版社，2004：40-41.

[2]　孙津.比较社会学引论：为了人和社会的延续 [M].北京：北京广播学院出版社，2004：14-15、248.作者十几年来一直在研究这种"一体化跃迁"，不过这应该是另文专论的问题了，所以这里只限于指出，它在本质上不同于现今任何形式的、包括所宣称的"发展"，其跃迁方向和形态也不同于已有的关注类似问题的学者（比如彼得·罗素等）的设想。

经济领域的竞争则成了政治最主要的内容和特征。于是，就用"发展"来为政治的这种变化提供合理性，也就是哲学的解释，不仅要把"发展"说成是所有人的福祉和义务，而且也是所有政治权力和势力的责任。由于发展的不可逆和无法停顿片刻，造成了理论上的异化和实践中的不平衡，从而"溃灭"也就成为与发展相伴随的现实境况，尽管溃灭的结局并非一定不能避免。由此，一方面，发展与溃灭成了政治运作的通常形态，另一方面，对于发展与溃灭的理解和把握就是哲学在政治领域的范畴作用。换句话说，不仅有着实际运作的发展和溃灭，而且各种政治话语的真实含义和价值导向都是以发展和溃灭这两个基本范畴为基础和指归的。

哲学经济：划算与竞争

　　从哲学的经济形态来看，人类的经济理性是由多种因素的互动进化而来的，它们作为人的创造物继续影响着人的生存境况，尤其是市场经济和现代化。市场经济的真实含义，是指以平等的方式获得的平等的权利的交易和让渡，其核心问题及相应手段是对于增加私有财富的划算；现代化就是全球范围穷国追赶富国的运动，这个运动几乎不会结束，其核心内容及相应手段是对于制定规则的竞争。无论从理论还是实践来讲，划算与竞争都已经成为理解和运用哲学经济的两个基本范畴。

　　哲学经济是哲学的经济形态，并体现出经济活动的哲学道理。从定义上讲，把"经济"看作社会物质生产和再生产的活动似乎并没有异议，然而在实际运用中，经济是我们划分的主要领域（经济、政治、社会、文化、环境等）中误解或偏见最多、理解也最为混乱的一个领域。很显然，真实的或具体的社会物质生产和再生产的需求、规模、形态都是不一样的，而且这个活动在今天已经远远超出了制造或创造生活所需的物质资料或财富，所以这层含义已不能在范畴的意义上使用或解释当今的经济境况。比如，不仅是生产活动制造出物质用品，而且商业活动赚取交易差价、服务活动收取便利费用、广告活动诱使更多消费、金融活动诈取别人金钱、保险活动骗取别人财富、炒股活动赌博信心运气等，所有这些也都被叫做"经济"。

　　的确，自从人类有了经济活动以来，这个领域就有一个特殊之处，就是在维持生存和再生存的同时还可以增加更多的财富，或者说赚更多的钱。久而久之，对于更多财富或金钱的欲求成了经济活动最本质的动力，这个动力远远超出了趋利避害的自然本能，并作为经济理性逐渐成为人的主要本性之一。要获得更多的财富或金钱，就要想方设法，也就是算计或划算，力图在划得来、不亏本的同时赚取更多乃至最多的财富或金钱，叫做利益最大化；而当所有人都竭力划算的时候，竞争就不可避免了，甚至为了竞争生产活动也必须受制于其他非经济活动。在此意义上讲，"划算"和"竞争"已成为哲学经济最重要的概念，同时也是最基本的范畴，至少在当今是如此，因为划算和竞争的基本载体或主要体现方面，分别是市场经济和现代化。

对于上述情况及相应的道理，可以先从进化的角度说明（或猜测）经济理性是怎么成为人的本性的，然后分别讨论阐述市场经济的划算和现代化的竞争。当然，划算与竞争紧密关联、互为因果，分开来讨论只是为了表述的方便。不同的是，其他领域的基本范畴关系多是相对的，比如哲学政治的发展与溃灭、哲学文化的界限与自由、哲学社会的直接与间接等，而哲学经济的划算与竞争却是平行的。这种不同是由经济逐利的一致目标决定的，所以只是经验层面的特征，并不影响范畴本身的属性和适用域。

一、进化与理性

如果说，人类区别其他动物的根本特性之一是制造生产工具，那么，当我们把社会物质生产和再生产的活动叫做经济的时候，就意味着经济也是人类进化的动因和形式。因此，从那时以来，经济也是人类的进化不同于其他动物的进化的根本区别之一。都说人是理性的动物，而理性在哲学本来就有多重含义，比如意识、道理、推理等，哲学经济上的理性并不局限于趋利避害，更是要求赢利多多益善。因此，尽管人类很早就有了理性，但从哲学经济来看，由经济活动进化出的人的本性就是增加财富的理性。

不过，如果理性是人区别于动物的重要特性的话，那么理性必然是在人的进化过程中生成的，所以为了表述方便，可以把理性出现之前，或者更准确地说是无须理性参与的进化叫做"自然的进化"。当然，这种自然的进化也并非完全"自然"，其中也有人的意识作用，尤其是物质生产的作用，所以真实的进化应该一直就是多方因素的互动进化。一般说来，自然的进化主要是从"适应"这个角度讲的，所以更多需要考古学的证据，尤其是主要由化石构成的进化证据链，比如不同物种的分类、相同物种的四肢比例和脑容量等。但是，由于我们假定理性以及经济理性出现在自然进化过程的某个时段，那么在此"之前"的进化对于我们并没有"起作用"的意义，而且经济理性对于进化的作用显然已经是很晚近的事情，所以可以从相应的文献得到所需的印证或说明，并不必需化石考古的支持。因此，尽管我们很可能永远不会知道理性是在进化的哪个时段出现或形成的，但是对于互动进化的认识显然应该是理解经济理性的重要和必需前提。

就各种生物的生存演化来讲，达尔文应该是进化论的主要发现者和提出者，其核心内容就是适者生存的自然选择。进化论的科学性似乎是无可怀疑的，而且或许正是由于进化论，生物学才逐渐被认为是一门相对独立的自然科学。但是，就理性的合道义性来讲，赞成达尔文进化论的看法明显为进化赋予了"进步"的性质和机制，也就是说，尽管进化的方向和过程主要由自然选择来保证，但却也由此提供或确证了生命不断由"低级"走向"高级"的正当性。在这个意义上讲，后天的因素也可能不知不觉地参与到进化中，或者说形成某种更为高级的理性功能或本性。事实上，正是这种看法很容易、并确实在 20 世纪初产生出所谓社会达尔文主义，也就是把"物竞天择、适者生存"看成人类文明进程的规律，以及具有自明性的价值准则。

不管是出于科学还是道德，新达尔文主义在反对自然选择学说和社会达尔文主义的时候，对进化论采取了一种历史主义或机会主义的态度。比如乔治·辛普森（George Simpson）、斯蒂芬·古尔德（Stephen Gould）等学者认为，如果进化的原因在于自然选择，那么进化本身显然并不具有道德意义上的进步价值。同样，进化的事实也不等于任何意义上的决定论，也就是说，一般只是根据已有的情况对某种进化作"事后"的确定，而无法从自然选择的意义上预测进化的整体走向。因此，尽管在物种进化，尤其是人类的出现过程中存在某些具有因果关系依赖的因素，比如基因的延续和变化，但从本质上讲进化只是一种历史性的偶然。①

由此说来，如果要从各种偶然中认识进化的意义，至少需要说明两种情况。一种情况在于我们从什么意义上区分无机环境和有机生命，也就是能否确证有机生命就是在适应无机环境的同时被它所具有的自然力量所选择；另一种情况是指如何认识有机生命自身在进化中所具有的历史积累效应，因为当生命时刻都在已有的基因谱系基础上进化时，整体的进化显然没有预先的通道，也无法设置终点。其实，这两种情况所表示的，就是从不同因素的互动作用来理

---

① 李瞳 . 自然观念的演变：对 20 世纪三种进化观的反思 [J] . 自然辩证法研究，2017（9）：21-26.

解进化的真实性。因此，尽管对于进化论仍有不同的理解，但是相应理论演变的趋势已倾向认为，进化并不是生命对自然或外界情况（环境、条件、生存机制等）的适应，而是不同主体与各种因素以及各个方面的相互作用。

新达尔文主义看起来不偏不倚，不过还是不够重视生命自身的作用，或者说仍然是从对象化的角度解释那些影响或作用生命进化的因素。因此，大约在 20 世纪 70 年代又出现了所谓自创生的进化观，比较有代表性的学者包括詹姆斯·洛夫洛克（James Lovelock）、林恩·马古利斯（Lynn Margulis）等。根据这种自创生的观点，所有生物都具有自身的创造性，这就使得它们与环境总是处于相互适应、共生共存的状态，因此不仅进化不是单向度的自然选择，而且严格说来"自然"什么也不选择，就连"适者生存""优胜劣汰"之类的说法也不符合实际。但是，正由于生命的自创性，在生物与环境的相互适应、共生共存状态中，起最重要作用的显然就是人类，因为人作为一种行星级别的自主行动者，从始至终都在塑造环境，而不是被动地适应自然。在此意义上讲，进化即使有什么"方向"也必然与人的自创作用直接相关，而不可能是什么既定的规律。

但是，进化的自创性在任何意义上都不应导致人类中心主义，恰恰相反，人类中心论的主观意愿与人类进化的实际境况是相悖的。换句话说，自创性并不等于进步性，也不必然会"照顾"人类以外、甚至"别人"的利益或境况，尽管自创性的最本质和最重要的内容就是"理性"。比如，由于人的理性根据自己的要求去治理环境，所以在治理之前和之后都不可能存在没有被人类"污染"过的纯净自然。按照布鲁诺·拉图尔（Bruno Latour）的看法，这里的悖论式境况就在于，无论有多么发达的科学技术，人类都不可能按照自己的意愿改变自然，相反，各种"进步性"的进化努力只会给人类自己带来危险和灾祸。[①]

围绕进化论的理论或看法各有其道理，而它们共同的事实根据却在于，无论进化还是自创本来就都无所谓进步与否，因为当某些后天的因素在进化的某个时段参加进来的时候，"进步"也就越来越取决于理性的需要和认定。由此，在自然进化和后天进化之间是一个灰色地带，因为生命的状况原本就是由各种生命和非生命因素的相互作用决定的，而与有无理想的生命条件和环境、甚至生命的健康或"绿色"与否无关。之所以说这类东西不仅也作为作用因素参与到人的进化过程中来，而且同时就是进化的构成内容，在于它们既是人的创造物又影响着人的生存境况，当然也就不可避免地产生了某些可以叫做"副产品"的东西。但是，这类东西并不一定是人所愿望的，恰恰相反，多数都是人所不希望看到的，比如病毒和环境污染。其实，至少从选择的意义上讲，世间本无病，你说有病它就是病了，而如果你要消灭它，它必然就会穷凶极恶地变着法子活下去。换句话说，尽管医疗卫生的普及和高效是必要的，但人与各种病毒、细菌、疾病乃至传染病各行其道的共处可能和条件，在

---

① [法]布鲁诺·拉图尔.我们从未现代过[M].刘鹏，安涅思译，苏州：苏州大学出版社，2010：34-37.

很大程度上是由不同的选择决定的。

因此，上述灰色地带中的灰色产物不仅从后天因素的角度，再次展示了多方互动的进化对生命形式变化的作用，而且表明新的生命形式或形态的突出特征，就是不同利益的划算和竞争。人一旦利用和依靠工具扩大或增强自己的能力，生物性进化不仅就停止了，而且还会退化，而对于利益划算和竞争来讲，这种退化更是必然的代价，甚至包括对人工智能等各种便捷化的普遍依赖而造成的弱智化。事实上，这种情况正反映了理性对于进化的相对独立作用，就像尼古拉斯·罗斯（Nikolas Rose）所认为的那样，关于生命本身的争论，关于在我们新兴的生命形式中向我们展现的可能性的争论，关于我们对我们自己的生理负有的越来越大的、逃避不了的责任的争论，这些都只会在科学、技术、商业和消费之间混乱的相互作用中被解决，而这些相互作用正是当代生命政治的领域。①

无论怎样进化，也不管进化已经处在什么阶段，进化本身都只能是一种整体的互动作用，而很难说哪些因素对应哪种进化。事实上，人类适应不了环境，也不打算适应，而是改变环境。当物种能够自觉干预进化时，进化就结束了，所以只有人成了人，其他动物都不可能再进化成人。现在，人又知道了 DNA，人也不可能再进化了，但却可能自我复制，自我改变，自我创造。正因为如此，不管理性是怎样从这种互动作用中"进化"出来，它都将在文化或后

① ［英］尼古拉斯·罗斯. 生命本身的政治——21 世纪的生物医学、权力和主体性 [M]. 尹晶译，北京：北京大学出版社，2014：124.

天的意义上成为人类自己的本性。

因此，作为理解哲学经济境况的前提，由互动的进化生出经济理性的过程既不是社会达尔文主义，也不是由于需要克服什么困难而不得不形成的适者生存，恰恰相反，是生存无忧前提下的不满足本性。换句话说，出于安全感和羞耻感，需要给不满足的经济活动一个合理的说法，使之成为人的本性要求，从而也可以把进化和经济理性看成某种"规律"。比如，人和动物的区别就在于人知丑不知足，动物知足不知丑，所以动物有发情期但不用掩藏交配，而人没有发情期，所以性活动不分季节和昼夜但却要回避公开。被人驯化了的动物，也就是马牛羊、猪猫狗、鸡鸭鹅这些家畜和家禽也跟人学会了不知足，但却没有学会知丑，所以也不回避交配。于是，知丑的人就把这些既不知足也不知丑的东西叫做"畜生"。

驯化动物或许也应该算作人的经济活动，而恰恰在这种活动中，自然的进化被逐渐打断和终止了，并由此开启了经济的理性。比如人要更多的财富，于是造成自然资源的破坏和环境的恶化，于是现在不得不说要绿色发展，也就是要发展本身成为可持续的。其实，环境污染、气温升高等情况正是多方因素互动的进化形态，而最为明显和最起作用的因素很可能就是科学技术的介入。换句话说，进化，尤其是自然的进化本应是"灰色"的，是经济理性为了更多、更持久地赚钱才提出"绿色"，并将此作为文明的道德。从"适应"这个进化角度来讲，人应该不怕污染，比如面对沙尘暴只要像狗一样抖抖毛就没事了，但是要赚钱就不同了，不仅需要划算，而且还要把这种划算说成是合乎道德的。结果，保护生态环境之类的说法和做法往往还是为了赚钱，或者说"更道德地"发展，叫做"发挥生态优势"。

由此，经济活动成为这种自然或灰色进化的终结，而经济理性的道德压力就是要设法掩饰、遮丑，而且已经形成了人类在物种延续意义上的两个习惯，甚至本性，即划算和竞争。这是真正属于人类自己的自觉的"进化"，而且这种进化不是身体或生理上的，而是理性或意识的某些内容内化为人的本性了，以至于如果哪个人不去划算和竞争，甚至不会划算和竞争就都等于不道德，更不要说反对划算和竞争了。当今人们把实现了发财致富的人叫做"成功人士"，其原因固然在于拜金主义的作祟，但更深一层的道理，正是将此看作有效运用经济理性的能力证实。由于划算和竞争这种自觉的进化，人类乃至所有生物的自然进化都由于现代化而终止了。

或许，某些身体或生理上的异样会使人觉得人的自然变化还在继续。比如，科学家发现，人的前臂中部有根动脉通常都会在出生8周之后消失，而自19世纪末以来，这条动脉不再消失的实例一直在增加，所以就认为人类还在进化。不仅如此，甚至还认为新的进化在速度上也加快了，比如基因变化的速度在过去的5000年里比以往快了100倍。① 不过，进化的含义一直就是多重的、甚至含混的，我这里所说的是指人的身体部位（组织、器官）中，那些最能适应生存境况、能以尽可能小的代价或消耗取得尽可能大的效能的变化，包括身体部位（组织、器官）的新增和消减。因此，上面说

---

① 人类正在加速进化 [N]. 参考消息，2020-10-10（7）.

的那些情况都不等于"进化",而只是"变化",甚至是"退化",尤其是后天因素造成的人类"自然性"的退化。

当然,影响和作用于进化的"后天"因素肯定不止经济一种,只不过人对于增加财富的欲望太强烈了,致使其他"后天"因素在人的进化方面的影响和作用都显得微不足道了。因此,上述进化与理性的讨论是为了说明,而且也能够由此说明,划算和竞争已经成为哲学经济的核心概念和基本范畴。不过相对说来,划算是自觉形成的习性,而竞争则仍然保留着与动物本性相似的某些因素,只是比动物更加残酷和狡猾。由此,作为哲学经济的核心问题和基本范畴,划算与竞争是一个互为因果和互为表里的循环:划算需要市场、市场需要规则、规则需要竞争、竞争需要划算。或许,正是由于这种循环的现实,划算和竞争作为基本范畴才具有平行而不是相对的关系特征。

二、市场经济的划算

也许永远无法准确知道人的自然进化是在什么时候结束的,但在哲学意义上不难猜测应该是始自经济活动的出现。有研究说人从婴儿开始就显示出具有爱心,喜欢看到帮助别人的事情,于是就推测人的进化包括同情心和爱这类"高级的"情感,而且还用脑容量及其不同区域的分布比例来支持这种判断。如果情况真的如此,那么不仅自然进化早已停止,而且人的主要的"本性"恰恰是"后天"或"社会"带来的。正是从这个意义上讲,至迟到了启蒙运动,在经济领域中划算成了人的本性之一，或者说成了理性的重要内容。

从历史上讲，先后出现过自给自足的自然经济、商品经济、市场经济，计划经济等主要经济类型。前三种经济形态都是不平等的，而且商品经济和市场经济靠的都是剥削，尤其是市场经济，更是直接导致资本主义剥削的生成，并成为资本主义所标榜的经济体制。与其他经济类型相比，市场经济的含义很混乱，几乎没有表述明确并得到认同的定义，但人们却真实地使用着"市场经济"，而且都知道其意思是什么。出现这种情况的一个重要原因，在于事实上现在对市场经济的看法有一个共同的而且是心照不宣的内容，即政府不管的经济活动就是市场经济了。比如，经常听到诸如此类的说法：以市场的机制、用市场的手段、走市场的方式、按照市场的规律去做等。至于这种机制、手段、方式甚至规律是什么，怎样就算按照或根据它们的要求去做了，一直就语焉不详。但是，这并不妨碍人们真的在运作"市场经济"，其根本原因就在于现实中所谓市场经济的真实要求和含义不过就是一句话，即"你不要管我，让我自己去赚钱就好"。

那么，谁有能力甚至权力去管别人赚钱呢？显然是国家和政府，所以"市场"就是国家或政府指令、计划和约束的反面，而"走市场"就是指国家不管了，各市场主体按照所谓供需关系或经济规律自己赚钱赢利去。但是，几乎所有人都同意，并不存在绝对自己做主的或完全自由的市场经济，也就是说，国家这只"看得见的手"无时无刻不在监管和掌控着经济活动。因此，主张市场经济并不是真的不要国家和政府来管理经济活动，恰恰相反，是要求国家和政府保护某种叫做市场经济的经济活动或运作，并且为它们服务，还要遏制和打击违背市场经济的势力及做法。于是，希望被保护的经济形态就不断地、其实也就是永无止境地要求"建立和健全"市场经济体制机制，包括相应的法律法规和政策以及配套措施。

从自主性来讲，市场经济其实就是指公权力不要干涉私有产权对于赚钱或发财的盘算或划算。因此，这种盘算或划算的真实含义应该是一个法律性质的表述，也就是我早在 20 多年前就一直说的，以平等的方式获得的平等的权利的交易和让渡。[①] 这里的权利就是私有产权，交易和让渡就是对于私有产权的"划算"，而平等则是以"金钱"作为划算运作的根据或标准。在此意义上讲，前述所谓的"走市场"的性质和要求对于公有制企业也是一样的，即公有制企业也必须把自己作为私有者才叫做"市场"运作，否则就会违背商品价格与价值相一致的价值规律。就像马克思在分析商品和交换过程时所说的，"使用物品成为商品，只是因为它们是彼此独立进行的私人劳动的产品。""物本身存在于人之外，因而是可以让渡的。为使让渡成为相互的让渡，人们只需默默地彼此当作被让渡的物的私有者，从而彼此当做独立的人相对立就行了。"[②] 同样，中国特色社会主义市场经济的本质，就在于共产党领导以及政府本身既对市场进行相应的管理也作为市场主体参加市场运作，而不是否

---

① 孙津 . 转型的中国 [M]. 成都: 成都科技大学出版社，1994: 5、256; 中国现代化对西方的影响 [M]. 石家庄: 河北人民出版社，1999: 116-117.

② 马克思 . 马克思恩格斯全集: 第 23 卷 [M]. 北京: 人民出版社，1972: 89、105.

定平等权利的交易和让渡。

但是，为什么要用"市场"作为形容或表语来定义或表达上述那种被认为是合乎经济规律的经济形态（制度、体制、机制、方式）呢？本来，市场就是做买卖的空间，而且其地点和时段都是以各种方式相对固定下来的。如果是这样，"市场经济"一说或者是同义反复，或者除了把"买卖"或"贸易"扩大为"经济"什么也没说。马克思认为市场是商品交换关系的总和，也是不同生产资料所有者之间经济关系的体现。显然，这种"总和"和"体现"指的都是对某种状态的表述，所以无法把它们作为某种经济形态的特性规定，或者即使做了这种规定，对于其特性也还是等于什么也没说。对于市场的性质和形成，马克思指出："生产劳动的分工，使它们各自的产品互相变成商品，互相成为等价物，使它们相互成为市场。"① 在这里，"市场"指的也还是商品交换的载体或形式，却没有解释为什么要这样使用"市场"这个词。看起来，比较合符逻辑和情理的情况在于，用"市场"表示某种经济形态很可能是出于不经意的、但却是自觉的或情愿的习惯和心态，因为市场经济作为历史范畴不仅本身就是私有制的产物，而且其中的"市场"就是针对人（或社会实体）的商品私有关系而言的。为了说明这种情况，有必要对相应的历史过程作简括回顾。

欧洲，尤其是西欧，历史上就纷争好战、分裂割据，比如直到拿破仑向北征战的时候，那块现在叫做德国的地方依然还分为300

① 马克思. 马克思恩格斯全集: 第 25 卷 [M]. 北京: 人民出版社, 1974: 718.

多个大小公国。不过，至迟到了大约 11 世纪的时候，不停地征战割据所耗费的巨大财力、物力和人力已经使欧洲各国都不堪重负。最头疼的是国王，因为他本来就很难收齐各公国或诸侯国的税，却还不得不出面对外战争和对内调停，财力更是捉襟见肘。不知宫廷里的哪个聪明人，想起来要国王向商人借钱。的确，古今中外历来有钱的就是商人，但商人也知道把钱借给国王、诸侯、贵族几乎完全没有收还回来的保证和可能。于是，商人中的聪明人也想出一个办法，就是用钱换权利，也就是借出去的钱不要了，用来换取某些权利。这个权利开始很零散，大多也是有针对地一事一议。比如，由于各诸侯国和贵族领地割据一方，使得商路重复缴费且缺少安全保障，于是商人就要求规范买路钱，包括减少额度和不得重复收费。其他的权利包括成立行业协会、由商人自己确定交易商品的种类和数量以及为商品定价等，直到要求城市自治，也就是由国王、诸侯、封建领主颁发特许状，注明给予某个城市相应的自治权利。这些权利交换十分具体，甚至包括经济活动中的某项职业特性，比如 1096年第南特（Dinant）城获得的自治特许状中同时也专门标出了商人的职业，说他们可以依靠自己的商品来生活，而不管采取什么服务方式。①

上述情况表明，自主和自由做生意的权利是用钱换来的。从这种交换的形式来看，在主教领地的城市自治权利有些是通过暴力取

① [美]汤普逊.中世纪经济社会史：下册[M].耿淡如译，北京：商务印书馆，1984：422.

得的，而在贵族领地，城市的自治基本上都是通过协商形成的。不仅是小集镇和城市，就连伦敦也是在 1129 年获得英国国王颁发的自治特许状才享有自治权的，包括采取包税的方式，即每年伦敦市向英国国王缴纳 300 英镑，此外不再交其他费用。同样，英国《大宪章》（1215）的最重要成果，就是国王必须和贵族及商人一起协商才能决定征税的事务，以后这种办法就以政治形式固定下来，并逐步发展成"议会"。在这个历史过程中，与城市自治权利相应的就是"市民"身份，而其最重要的权利就是选举或表决资格。这样一来，商人以及后来的产业资本家、金融资本家们不仅得以保护自己的经济活动，而且制度性地确定了这种经济活动的合道义性，也就是以平等的方式获得的平等的权利的交易和让渡。后来的经济学，比如至迟从斯密和李嘉图开始，有意无意地回避或略去平等权利事实上的不平等，尤其是原始积累的剥削和压迫，好像商品价格天生就应该、甚至就是与价值一致的。

上面说的那些情况都是明白的历史过程，或者说是历史常识。[①]至于为什么会把这种经济形态或体制叫做市场经济，很可能只是出于一种方便，因为争取城市自治的商人们主要以集市的方式经营，

---

① 比如以下一些著作详细描述和精当分析了由集市到城市的演变过程中的经济关系。[比] 亨利·皮朗（皮雷纳）. 中世纪欧洲经济社会史 [M]. 乐文译，上海：上海人民出版社，1986；中世纪的城市 [M]. 陈国樑译，北京：商务印书馆，1985；[美] 詹姆斯·W. 汤普逊. 中世纪欧洲晚期经济社会史 [M]. 徐家玲译，北京：商务印书馆，1996；中世纪经济社会史：（上、下卷）[M]. 耿淡如译，北京：商务印书馆，1984；Christian Cordoba: The City and its Region in the Late Middle Ages [M]. Cambridge Univ.Press,1982.

而且也使这些集市逐步发展成为集镇和城市。于是，"市场"既是这种由集市到城镇过程的历史特征，也是自主的商品经济形态（生产、销售、运输、贮存、甚至借贷等）的运作特征。但是，自治城市中居住的人并不都是市民，市民身份的资格同样也是用钱换来的，而且往往还要证明其能够持续地具有这种财力。这种自治以及稍后形成的议会，就是所谓的民主政治，为的是保护私有制的市场经济，而不是公平正义。正因为如此，比如说，产生了民主政治的英国和法国不仅有着长期贩卖奴隶的历史，而且英国妇女直到 1928 年、法国妇女直到第二次世界大战结束的 1945 年才具有选举投票权，也就是说她们此前都还不具有完整市民身份及市场经济主体的资格。

由上可以看出，尽管"市场经济"作为一个术语很可能是由于历史特征而习惯形成的，但其用意却在于，一方面明确要使经济活动与政治权力分开，在实践中往往是指与国家的立法权以及政府的行政权区分开来，另一方面则要求这些权力为自由竞争的经济，也就是市场经济服务。尽管就学理分类来讲，可以把"市场经济"看成是从交换方式的角度来表示的资本主义经济，但是后来的所谓启蒙学者为了维护私有制，于是就有意无意地忽略资本主义经济的生成历史与私有制的关系，尤其是回避或掩盖资本竞争与剩余价值剥削的内在联系，并想方设法把市场经济和民主政治绑在一起，作为效率为大和道德为善的普适原则。换句话说，经济学不仅故意忽视这种历史发生学的前提，把市场经济当成符合经济"规律"以及合乎道德的经济活动形态或体制，而且还自欺欺人地把划算和金钱标准说成是供求关系这只"看不见的手"。

事实上，恰恰是根据划算的权利，当赚取更多或者利润最大化受到阻碍或限制时，民主政治就会出来强势帮助或干预，包括采用完全反民主的野蛮手段。早期市场的扩大很快（最晚从 17 世纪开始）就采取了殖民扩张的形式，到了全球殖民地瓜分完毕后帝国主义国家就自己相互厮打。1914 年，德国的钢产量比英国、法国、俄国的总和还要多，而化学工业更占了世界 70% 还多，出口的化学用品占世界出口总量 40%（也是德国在一战中首先发明并使用了毒气弹），但德国要购买原材料、扩大商品市场，所以就不满意主要由英、法等国对世界市场的控制格局。于是就打第一次世界大战，而且即使德国与英国、俄国的皇室都是表亲，也拦不住这场战争，甚至稍稍缓和一点都做不到。稍后的第二次世界大战也是如此，只不过纳粹德国和军国主义日本表现得更加疯狂、更加野蛮。

历史就如此。由于两次世界大战打怕了，所以此后谁也不敢轻言大打，但是局部战争一直不断，经济领域当然也更不存在自然的"手"，无论看得见还是看不见，有的只是划算，甚至做局。说是自由市场、政府不管，其实是要一个保护私有制和自由市场的政府及其民主政治，所以托克维尔喜欢美国，而且认为美国的民主得益于宗教。虽然不像韦伯那样用"新教伦理"来为市场经济划算的"资本主义精神"辩护，[①] 但托克维尔的看法却是个误解，实际上

---

① ［德］韦伯．新教伦理与资本主义精神 [M]．于晓，陈维纲译，北京：三联书店，1987：127-128．

是美国没有历史，所以宗教就出来代替历史，这样就可以用宗教在人与人的直接关系中打进一个间接的楔子。但是，美国的划算一点儿也不把民主给别人，当自己企业实力不行的时候，甚至不过是别人企业正常做大的时候，就用国家政权来打压对方企业，各种违反规则、协议和惯例的贸易、关税、价格、甚至产量等经济制裁更是随时实施。为了划算，美国还不惜采用绑匪和海盗的方式，比如通过绑架和胁迫公司高管，拆解并搞垮法国企业阿尔斯通、在公海上拦截并"没收"别国驶向委内瑞拉的四艘大油轮及其装载的约112万桶石油等。

一般说来，今天市场经济的"划算"主要有三大标志性做法或内容，即广告、品牌、垄断。广告是纯粹的形式，其优势在于没有内容、公开透明、彻底地民主化或无差别化，它用强迫性的重复作为智识和习惯的导引，诱使所有人的便捷化选择。就价格与价值的一致性来讲，品牌本身并无价值，但惟其如此，划算才能够把品牌独立出来进行公开的讹诈，也就是作为无价的身份、品味、信誉、时尚甚至象征来出售。由此，各种品牌战略、代言人、形象大使、直播带货等形式应运而生，它们虽然都违背了价格原则，但却恰恰与"市场规律"一致，因为都是划算。至于垄断，其实就是合法的抢夺，包括所谓知识产权，至少是用词不当，因为与技术发明和商品开发不同，知识的性质决定了它是没有"产权"的。各种划算不仅运作经济、制造市场，而且还肆意改变或异化人的活动的特质。比如，特质为个人兴趣的旅游被异化成产业，没有冒险、陌生、辛劳、访古，到处是人满为患，摩肩接踵，摆渡大巴、缆车索道、酒店饭馆、超市特产，人也只被当成会花钱的东西。然而划算还觉得不够，还要用更加舒适和便捷的"服务"来制造市场、吸引消费，所以广告语就直接胡说要"全面提升"旅游体验，殊不知"体验"是根本无从"提升"的。

三、制定规则的竞争

有了划算也就必然会有竞争，所以说这是哲学经济两个平行的范畴。不过，这里要说的不是一般意义上的竞争，而是在现代化境况中不得不进行的、对于规则制定的竞争。换句话说，制定规则的竞争作为哲学经济的另一个核心问题，与现代化密切相关：它既是现代化的产物，也是现代化的动力，而且在今天更是越来越成为具有星球级别的竞争。

现在对现代化的种种理解和说法各有其道理，也就是都程度不同地具有现实的针对性和实用性，但从本质上讲都不对，因为不符合事实，而且大多数都是转义，也就是根据需要从"好的"意义上使用现代化这个概念或术语。从哲学上讲，"化"本身就是变化的意思，表示某种功能特征，所以不可能有确定的"实现"。事实也是如此，当我们说什么方面"实现"现代化时，指的都是某些量化标准，比如人均 GDP、城市化率、人均寿命、人均病床数、警察办案率甚至 PM2.5 水平等。然而问题恰恰就在于，为什么要制定这些一致的标准并将此作为非达到或"实现"不可的目标呢？答案在于，从发生学的角度讲，现代化根本不是一个正常的文明过程，而是迫不得已的追赶和有预谋的欺骗的结合，也就是我 20 多年来一直主张的，现代化的真实含义就是全球范围穷国追赶富国的运动、过程及境况。[①]

作为一种观念，"现代化"其实是中国在 20 世纪 30 年代最先提出的，其背景当然是图存救亡，而参照则是学习西方。大致说来，现代化被看作进步的文明形态，尤其是工业化，但是，由于中国既要学习西方，又要反抗西方帝国主义的殖民压迫，所以如何对待西方这个参照成为中国现代化的宿命。比如中学和西学的"体""用"关系、现代化与全盘西化的区别、社会主义现代化与资本主义现代化的不同道路选择等。由此，当时中国关于现代化的提出、要求及不同观点的争论已经包括了后来（甚至直到当今）几乎所有重要的现代化问题。不过，从世界范围来看，作为被广泛认同的文明理念及形态，现代化应该是在 20 世纪 60 年代确定的。

1960 年在日本的箱根召开了一个会议，参加的主要是当时世界著名的一些政治学家和社会学家以及相关政要。会议的主题是想弄明白所谓"日本奇迹"的原因，也就是第二次世界大战结束后日本为什么能够迅速恢复经济并高度发展。不过，会议并没有得出什么明确的答案，而是正式提出了现代化的八个特征，同时也就是八个指标。从此，现代化不仅被当成全世界所有国家的发展方向，而且也是衡量发展程度的文明指标，其中最主要的内容包括工业化、市

[①] 孙津. 打开视域——比较现代化研究 [M]. 北京: 社会科学文献出版社，2004: 11-13.

场经济、民主政治、城市化等。

其实，上述情况是西方发达国家的一个有预谋的划算。进入1960年代，国家要独立、民族要解放、人民要革命已经成为不可阻挡的时代潮流，毛主席所说的广大"第三世界"（大体上就是后来所说的"发展中国家"）更是纷纷要求摆脱贫穷，尤其是被公正平等地对待，包括得到经济援助。另一方面，当时的西方国家，也就是后来所谓的发达国家面临两个重要困境，亟须调整全球策略。一个困境很明显，就是面对"第三世界"的斗争，西方国家，尤其是英国和法国这类老牌殖民主义宗主国，由于过去三四百年的殖民统治压迫和剥削而背负越来越沉重的道德谴责。在这个意义上讲，联合国成立世界粮食计划署（1961年）、联合国开发计划署（1965年），以及承认发达国家有责任援助发展中国家的道义，都是被这个压力逼出来的。另一个困境比较隐蔽，就是随着富国和穷国的发展差距以及富人和穷人的收入差距越来越大，富裕一方的商品销售市场也由于广大消费人口的购买能力下降而越来越小。于是，日本就成了摆脱困境的最佳示范，因为日本在战后全盘接受了美国设定的民主政治和市场经济，所以不仅很快从废墟上爬起来，而且很快发展成为发达国家，也是"西方"世界中惟一地理上处于东方的国家。

通过日本的实例，所谓"奇迹"也就成为普遍道理，即全世界各国和各个地方都能够、实际上也必须大同小异地根据西方的发展经历，按照西方为它们指出的道理和提出的发展方案，尽快发展起来。这个经历、道理、方案就是"现代化"，而且按照这种说法，真实的现代化只能是穷国对富国的追赶。对此至少有两个基本事实。首先，历史上一直就有穷国和富国，但是在现代化之前穷国并不一定要追赶富国，尽管一直存在对于殖民侵略与压迫的反抗斗争。相反，现代化的最为真实背景，就在于穷国只有具有富国的实力才能摆脱被压迫和被剥削的境况，所以追赶成了穷国和富国共同参与的如何取得、保持和增进竞争优势的运动。其次，追赶与现代化是互为表里的，即追赶的参照和动力都是现代化，而现代化的真实含义及现状也都是由追赶来确证和体现的。

因此，现代化不是被实现的，因为至少从逻辑上讲，这种追赶永无止境，不仅总有半数国家处于贫富排序的后半部分，也就是总要追赶，而且总有处在最后的少数国家和地区，它们很可能由于追赶无望而成为各种负面的麻烦。事实上，现代化就是由所有国家构成的贫富排序的体现，而由于划算和竞争使这种排序不断变化，所以现代化又是一个永无止境的过程。换句话说，一方面不得不追赶和竞争，另一方面追赶和竞争只会使贫富差距越来越扩大，而且这种扩大并不只是用物质财富（比如工资收入）来衡量的，也包括安全感、舒适感、幸福感、希望感等"软的"东西或指标。

以上就是现代化运动的真实情况及其含义，而且在很大程度上是发达国家造成的，因为只有这样才对发达国家更为有利，即它们一方面可以用文明发展的"规律"来免去、至少是减轻道义压力，另一方面又能够在制定规则方面占据竞争优势。正因为如此，现代化在1960年代成为普遍共识的文明导向也许不是某些个人的预谋，但应该是西方思想在维护资本主义制度甚至帝国主义扩张方面的集体无意识作用。发达的说要向他学习，后面的则要奋力追赶，于是主要体现为经济实力的现代化就成了道德，成了时尚、进步、先进。因此，人们又转而把"现代化"用在其他领域，首先是科学技术，接着是制度、体制、机制、观念、标准、素质等所有方面，好像现代化就是好的，现代化了就是进步了、文明了、高级了。造成这种境况的原因就在于，现代化追赶的主要动力并不在于穷的一方，而在于富的一方，因为只有让穷的一方不停地追赶而又永远追不上，才是富的一方想要达到的目的和状况。于是，真正的追赶就成了关于制定规则的竞争，也就是游戏规则谁说了算，而且由于相对贫困总是存在，所以也就永远保持着真实的穷富序列的追赶和竞争。

尽管说各方面（政治、经济、社会、文化等）都要现代化，但是现代化的真实内容主要还是经济，尤其是经济实力和相应的科技水平及手段。从前述市场经济的生成来看，战争一直不断，而现代化也从一开始就不是和平竞赛，相反由于工业化为大规模战争提供了物质条件，所以现代化的前奏就是第二次世界大战。结果是死人太多，各方都被打怕了，现代化才转向对于制定规则的权力和能力的竞争，所以就建立各种组织、条约、协定、论坛等，作为设置和运作规则的平台或手段，比如联合国、国际法庭、欧盟、东盟、西非国家经济共同体、世界贸易组织、世界气候大会（京都议定书、巴黎协定等）、20国集团峰会、达沃斯论坛等。制定规则的竞争甚至包括公开而合法的遏制、监督甚至"制裁"，比如所谓"伊核协议"。不难理解的是，制定规则当然要对自己有利，所以能够制定规则很可能就等于没有规则，或者说规则的制定与公平正义以及民主与否没有关系，完全凭实力。比如，美国先是在 1944 年制定美元与黄金挂钩的布雷顿森林体系，1971 年为了应对美元对黄金的贬值又宣布美元与黄金脱钩；而为了掌控规则，美国更是想方设法在各重要的国际机构或组织（世贸组织、世界银行、美洲开发银行等）中强推自己的（也就是美国籍的）人当领导。

对于竞争来讲，所有东西都是属人的，但经济活动直接改变着人的生命，或者说人的肉体存在形态，而人又是地球上惟一主动并有能力改变地球存在形态的物种，所以哲学经济所说的人的经济活动原本就是星球级别的。现在，不仅个人，各个群体和部门，尤其是国家间的现代化竞争使人完全休息不下来，甚至"休息"这个概念已失去意义。鼓励所有青年去自主创业，包括在校读书的时候就同时创业，致使想方设法赚钱成为正当、甚至高尚的理想和行为，能够实现这些才算是"成功人士"。这种竞争排挤了正常的分工，使之既不是总体与部分的关系，也不是系统与技术的要求，而是必须竞争的欲望。在这个意义上讲，分工已经异化成了竞争本身。如果说不做划算可能会吃亏，那么如果不竞争几乎就不能活，而且必定被指斥为不道德。这已经成为认同的道理，几近真理，不仅国家如此，个人亦然。就连扶助摆脱贫困也是现代化的产物以及持续的工作，不仅是出于道义，也是为了把所有人都拉进消费市场的队伍来一起竞争。

由此，一方面是制定规则需要师出有名，另一方面是对经济理性划算的各种"创新"做法的集体无意识认可，于是就不断产生出各种"多出来"（严格说是"多余的"）的产业，大的范畴比如

"服务业"，次一级的比如金融的"衍生产品"等。按照现代化的分类统计，中国现在的服务业已经占到 GDP 的一半以上，而且还举办了名为"国际服务贸易"的交易会，不仅有物质产品贸易、服务贸易、技术贸易、数字贸易等可见和不可见的商品，更有拿来交易或出售的"想法"。事实上，竞争已经造出了很多派生或衍生的生活方式，它们的差别不仅就像贫富差距的境况一样越来越大，而且直接影响到竞争的伦理性。一方面，便捷化是竞争的重要内容和手段，另一方面，便捷化本身也不断地制造着使用人群的撕裂：有喜欢也会使用便捷化的，有喜欢但不会使用的，有不愿意但不得不使用的，有既不愿意也不会使用的等。于是，就像一个医药发明跟着十个病毒一样，一个便捷手段也跟着十个麻烦，比如对于既不愿意也不会使用便捷化（人工智能、扫码识别、网上支付、数字货币、跟踪定位、在线填报、无纸运作等）的人，是应该为他们提供传统的服务、还是应该无视甚至惩罚他们，已经成了一个几乎无解的问题。

早在 19 世纪末，迪尔凯姆（又译涂尔干）就认为劳动分工并不是纯粹的经济现象，所以工业化已经使社会的其他方面都为经济服务，甚至社会本身也只是一种经济职能，而这种情况正是道德全面败坏的根源。道德败坏与否是另一个问题，但事实至少在于，由于有了现代化，不竞争是不可能的。因此，不管主观意识如何，也无论多么讲道德、照顾别人，只要是强大了，就必定成为竞争中心，也就是被迫作为最主要对手，或者说至少由于树欲静而风不止，国家强大了各方面的竞争也随之加大。或许，通过努力某些国家可能做到和平竞争，但各国、尤其是实力相当的大国互帮互助、共同发财是绝对不可能的。

现在，这种已经开始延伸到外太空了。作为地球人，跑到外太空也许是一种僭越，但毕竟好像还是地球上各国以及各种能力的延伸，而且如果真的到其他星球去生活了，那里很快也会形成强国和弱国、大国和小国、富国和穷国的竞争。不过，现代化竞争的星球级别并不是因为能够去外太空，而是因为人对地球的改造，使包括人在内的整个地球发生变化。就"化"的性质来讲，全球各地及各种境况都已经充分现代化了，包括大都市、贫民窟、难民营、原始部落、宇宙飞船以及亚马孙雨林、撒哈拉沙漠、南极洲冰原、珠穆朗玛峰、马里亚纳海沟等，而这一切正表明了现代化的运动过程仍在继续。换句话说，规则竞争的星球级别指的不仅是规模，更是特性和作用，即现代化运动不仅仅是发生在地球上的人的活动，而是人与地球作为一个有机整体的变化。

四、结语

其实，"经济"这个词原本就具有"划得来"的意思，这也再次表明，赚钱划算和规则竞争早已成为人的本性和集体无意识，所以划算和竞争是并行范畴。然而，市场经济和现代化使得作为社会物质生产和再生产活动的"经济"已经不是一个表述某种状况的中性词，而是根据划算和竞争的需要而形成的某种境况本身。由于社会物质生产和再生产的真实境况并不是由社会（或所有人）的物质需要，而是由运作经济的人想要（或欲求）什么来决定的，"经济"本身甚至已经就等于"划算"了，从而使现在的一切已经都是划算了。剥削压迫必须划算，国家发展必须划算，即使开个小作坊、小饭馆，如果只处于维持生存的水平就不行，就有可能被挤垮，或者叫做被市场"淘汰"，所以必须划算，必须搞竞争、多赚钱。从道理上讲，也许只有实现了共产主义，划算和竞争才会失去意义，黄金也可以放到该放的地方了，比如由于它耐腐蚀，可用来修厕所。

据说，"经济思想界曾区分了三种经济学：以正义为中心的经济学、以国家为中心的经济学以及以个人为中心的经济学。"现代经济学体系属于第三种，也就是在"国家内部秩序已基本落定、世界贸易和金融体系已基本建立之后，专注研究功利主义的'个人福利最大化'"，而中国仍处于那种以国家为中心的"政治经济学时代"。① 如果情况真的是这样，那就表示由"正义"、"国家"到"个人"是一个逐次高级且合乎道德的经济文明过程，而专注个人福利最大化恰好表明划算和竞争已经深入到每一个经济细胞，成为每一个人的习性了。

自然进化所生出的经济理性终止了人的自然进化，紧接着，市场经济的划算和制定规则的竞争加速了人与地球一体的变化。这种变化以现代化的名义以及现代化的方式和新增手段（比如全球化、信息化、人工智能化、大数据化等）永无止境，除非出现星球级别的阻碍或中止事件，比如很可能将要发生的以人为主的新一次物种

① 卢周来.在比较中找寻答案[N].北京日报，2020-8-10（16）.

大灭绝。不过，即使发生这种"灾祸"，其结果也是很难说的，因为从历次的物种大灭绝来看，甚至那些遭到灭绝的物种也有没死光的，所以剩下的一小撮人正好把一切重新来过，包括哲学经济。

哲学社会：直接与间接

　　至少由于我们总是且不得不处于社会之中，所以社会所"是"的东西在内容上远比我们能够表述的要大，或者要多。从哲学角度来看，社会既是我们的运作对象，也是我们身处其中的活动形式，由此"直接"与"间接"就成了认识和分析社会的基本范畴。就其真实含义和突出特征来讲，这些范畴运用主要包括三种情况或针对方面：社会的存在形态体现为以间接方式应对和处理直接境况的机制；由分工形成的各种直接和间接的关系主要是由组织和机构为载体的；制度、技术、心理是维系和确证关系处理的正当性和价值意义的基本功能。

　　一直以来，"社会"的含义是在经验上可理解、理论上说不清的境况中被使用的，而之所以如此的最根本原因，在于很难将"直接"和"间接"区分开来。比如，对于具有时空形态的东西的感觉是直接的，但人们并不仅仅因为自己处在这种形态的实体（比如一个社区、甚至一个城市）中就认为这个实体代表了"社会"的全部含义。换句话说，"社会"那些非直接感觉到的因素只能用间接的方式来理解、认识、把握、处理。很显然，对于"社会"含义的成立以及"社会"的运作来讲，这些非直接的因素才是更重要的，比如制度、机制、规则、习惯、情感等。因此，无论从现实存在还是实际作用来讲，社会都既是我们的运作对象，也是我们身处其中的活动形式。

　　"哲学社会"在此是指哲学的社会形态，包括用哲学的角度认识和看待社会的存在和作用，但更重要或更本质的核心含义，是指社会本身及其活动领域的哲学意义，也就是社会存在功能和运行秩序的根据或道理。"直接"和"间接"表示两种状况，前者是指没有或不经由中间事物或环节；后者则指经由或借助第三方。因此，上述经验上可理解、理论上说不清的境况表明，其中的哲学意义指的就是如何认识对直接和间接的处理，以及这种处理之所以必须和可行的道理。至少从功能上讲，如果人能够直接达到目的，就不会有社会了，但社会也不全是间接行事，而是由直接和间接的互动构成秩序，否则社会也就无法运行了。因此，直接和间接是理解哲学社会及其运作的两个基本范畴。

简括地说，社会是由直接和间接的关系构成的，也是按这两种方式及相互作用来运行的，对此大致可以从存在形态、关系结构以及功能作用等基本方面来论述。这些方面相互关联，反映了直接和间接关系处理所要应对或解决的基本问题，并体现了相应的指向特征，比如相对说来，社会的存在形态是机制性的、关系结构是分工式的，功能作用是价值论的等。

一、存在形态

这个世界上有很多东西，我们经常在概念或专用词的意义上谈及它们，却从来不考虑它们是什么意思，而"社会"就是这样一个概念或专用词。因此，如果说哲学是道理的根据，那么讨论社会本身的哲学意义的一个必要前提，就是说明"社会"是什么。其实，我们之所以不对社会下定义却并不妨碍使用这个概念，主要是因为言说者不仅以为知道自己在说什么，而且下意识地认为别人也和他一样知道"社会"指的是什么。换句话说，无论是普通民众还是著名的社会学家，他们实际上都自觉不自觉地认为没必要指出或说明"社会"是什么，似乎社会就是当然存在的东西。之所以会出现这种情况的根本原因，在于我们所说的是人的社会，而不是其他什么社会，比如蚂蚁或角马的社会（如果它们有社会的话）。我们就在社会之中，并且构成了社会，所以反而无法直接言说社会本身，而只能把社会作为一个概念来间接地运用它。换句话说，无论"社会"是多么"客观的"存在，当我们言说或研究具体的社会或社会的具体内容的时候，这些东西（对象、现象、问题、活动等）从来就是和我们纠缠就在一起的，甚至就是我们主观的产物或主观内容本身。

人直接地处在社会之中，但社会并不是由众多互不相干而且静止不动的人来构成，好像一袋马铃薯，而是由活动着的人和人的活动来构成和体现的。因此，两个人的直接活动或交往还算不上社会，必须经由其他（也就是间接的）人或因素才能构成社会活动。比如，孩子要父亲给他买糖块，父亲买了，这就是一个直接的行为，而且是两个人的交往。但是，糖块并不是自然存在的，其生产则需要很多环节；钱也不是自然存在的，而且钱的流通需要更多的环节。显然，所有这些环节的事情都需要不同的人来做，而他们对于这父子俩来说就是一种"第三者"或间接的存在。如果说，父子的这种交往和老虎喂自己的幼崽一样是出于本能或亲情，所以是直接的关系及其行为，而这恰恰表明这种关系还构不成社会，或者说这种存在形态还不是社会性的。如果说，比如孩子因为老师的要求而让父亲买校服，那么不管父亲是否同意为儿子买校服，这种交往显然就不是"因为"甚至也不是"出自"本能或亲情，而是"社会性的"（教育、制度、礼仪、形象等因素）、也即间接的需要。在这种活动中，父子俩的关系和交往也都是社会性的，而老师则作为相对父子而言的"第三者"与他们共同形成并间接性地实施了某项社会活动。

由上可以看出，社会的构成，尤其是体现这种构成的交往需要和活动内容，都是以，而且只能以间接的方式来进行和实现，所以这种方式本身就是社会存在的机制。在此意义上讲，社会可以看作人应对和处理直接境况的间接关系（或分工）系统，在这个系统中，具体的或真实的社会总是一种关系形态的存在，尽管这种存在形态具有相应的实体结构载体，但其性质和作用都是一种功能机制，而不是实体结构。因此，正确的提问方式只能说社会是什么，而不能说什么是社会，因为社会所"是"的东西很多，包括某种特性。比如，有一则叫做"巴拿马万国博览会甲等金奖白酒是老白干"的广告就是错误的表述，因为"金奖"本身并不是酒，而且获得这个奖项的也不仅有衡水老白干一种酒。但是，完全可以反过来说某种"老白干是金奖"，因为尽管这里的"是"不能表示酒和金奖是一个东西，但那种老白干酒获得了金奖毕竟是这个表述所"是"的事实及含义。在这里，"金奖"并不是社会，但它就代表社会或作为社会所是的相应内容，以间接的方式来处理白酒需要品牌促销的直接境况。同样，为了突出和增大品牌促销的作用，商家很可能是故意用错误的方式来表达上述广告的，但其行为并不因为这种语义错误而不成其为真实的社会事实或现象。因此，这里的"社会构成"的真实性在于，从受众的角度来看，他们认同的是老白干和金奖的联系，相反几乎根本不会想到什么语法错误。

毫无疑问，不管怎样理解社会，社会已经存在很长时间了，即使从新石器时代算起，少说也有一万年了。不过，由于"社会学"这个学科的成立已经得到普遍的认同，所以为了在理解上提供一个共同的参照，也为了表述方便，这里就以一些最具代表性的社会学家的相关理论来说明社会的存在形态。从中也可以看出，尽管他们的思想和观点并不一样，但却有一个共同的地方，就是都没有直接说明"社会"是什么，换句话说，他们都是把"社会"作为已然存在的东西，从而间接地言说与它有关的"其他"含义和意义。

都说孔德最早提出"社会学"这一学科概念，其实他不过是从他的实证哲学来讨论如何研究社会，并没有专门或明确指出"社会"是什么，因为对他来讲社会就是思辨史的载体，是已然存在的人类历史的"整体"。因此，孔德之所以要建立社会学，主要是为了给正确解释人类历史提供一个整体的科学方式，也就是可以对社会进行像自然科学那样精确并且能够实证的研究，而这样做的可能性与现实性就在于，当时的科学理性和技术手段与当时社会的性质和功能是一致的。也就是说，当时一方面是科学技术蓬勃兴盛，好像什么东西（尤其是理论）都要经得起科学的检验才是真的和对的；另一方面，与科学技术发展相一致的工业革命或工业化，使得学术总是急功近利地想弄出一些适应时尚的说法来。

正是从建立社会学的原因和目标中，可以清楚地看到与如何理解"社会"直接相关而且是互为表里的两层意义。其一，真实的社会大致就是使人成为群体的那些经验规定；其二，正由于这些经验规定，历史的社会是变化的，但人性和秩序却是社会属性中不变的东西，并由此才有可能使人类的历史成为一个整体。根据这两层意义，孔德认为人类思辨的发展经历了神学和尚武、形而上学以及实证三个主要阶段，而当时的西欧工业社会正处于实证阶段。但是，由于这种实证阶段是普遍性的发展过程，所以其特性和模式都对全世界具有典型意义。正因为如此，从孔德的实证哲学来看，不仅对社会进行自然科学式研究的东西或对象主要就是人性和秩序，而且人类历史的最终状态就是全面的实证主义。

迪尔凯姆（又译涂尔干）也没有直接说"社会"是什么，而是努力阐明一种叫做"社会事实"的东西，用来作为社会学的研究对象。在他看来，个人存在于社会中，但是在各种外在于人的客观存在中，有一种对人具有强制力的东西，这种东西包括制度及其功能、行为方式、思维方式甚至情感影响。就这些东西特有的属性来讲，可以叫做"社会的"东西，也就是社会事实。换句话说，社会事实不仅外在于，而且先于每个个人的存在，我们是通过这些事实才得以证实有一种叫做"社会"的属性，而真实的、与人同在的社会事实不过是构成和体现社会属性的材料。因此，迪尔凯姆说他的任务不是用哲学的观点预先做出社会学的结论，而是指出某些能够用来识别社会学所研究的事实的特征，这样就不会混淆社会学与别的什么科学的区别了。由于社会事实是外在于人的存在的综合产物，所以它们的特征也只能是针对社会整体而言的，而不是社会中林林总总的具体东西，在此意义上讲，社会甚至只是使思想具有概念特征的一种机制。也许，迪尔凯姆之所以如此费劲地绕过"社会"来解释"社会事实"，一是为了表示社会学研究应该具有的客观性，另一是为了突出社会学的研究对象是制度及其产生和功能，而不是某种实体。①

西美尔（又译齐美尔）也认为社会学必须有自己特殊的研究对

---

① [法] 埃米尔·迪尔凯姆. 社会学方法的准则 [M]. 狄玉明译, 北京: 商务印书馆, 1995: 16-20.

象，但是与孔德认为社会是外在于人的整体性存在不同，西美尔所说的社会恰恰是从个人行为出发的。这种行为包括不同的利益、目的、动机以及由此产生的个人之间相互作用的方式或形式，而正是通过这些方式或形式，各种事实才变成或构成了社会。换句话说，西美尔也和迪尔凯姆一样，是用某种属性或性质来确定"社会"的存在的，不同的是西美尔特别强调了个人相互作用及其方式对社会形成的作用，而且这种形成是一个真实的过程。由此，个人的相互作用就是社会化的过程，而且具体的事实也是通过相互作用的形式才成为社会内容的，所以内容和形式一起促成了某种现实的实体的成立，而这个实体就是一般意义上所说的"社会"。在这个意义上讲，社会作为某些关系的总和构成了对于人的交往的认识，所以社会学所要研究的恰恰是社会是如何可能的，而不是这种关系的总和本身。①

对于哈贝马斯来讲，"社会"的含义是随着他重建历史唯物主义的目标来设定的，尽管这个目标并没有实现。但是，至少有两点是比较清楚的。其一，从言语的角度来看，交往是社会的特有形式，然而言语的情景总是包括三个构成部分，即外在世界、内心世界、所有人共享的社会生活世界，这就使得由交往体现出来的"社会"的边界和目标都处于不断变化之中。其二，任何行为都要受到意愿的制约，而意愿本身却是不可能制度化的，所以对社会的分析

---

① [德]盖奥尔格·西美尔.社会学——关于社会化形式的研究[M].林荣远译，北京：华夏出版社，2002：4-8.

不仅是历史和释义的结合，而且必须是批判性的。根据这两点，尽管"交往"本身是一种功能性机制，"社会"作为这种交往的产物却是有内容的并占有相应时空的实体，而不仅仅是交往的载体或场所。然而问题在于，哈贝马斯在承认实践和生产力作用的同时，认为社会进化并不就是它们的直接结果。[①] 因此，哈贝马斯的批判理论以及社会进化理论的矛盾也就在于，一方面，他的"交往"在机制形式上是中性的，所以由交往构成和面对的"社会"也是同质的，另一方面，由于不可能制度化的"意愿"的存在及其批判作用，交往又必须从属于某种观点导向（政治的、发展的）才是可能的。

从上可以看出，相对说来，"社会学"在西美尔可以算作独立的学科，在孔德和迪尔凯姆都只是一种研究方法；而在哈贝马斯（以及马克思）那里有点像是世界观的一部分。相应地，"社会"的含义也是不同的，比如在孔德是存在的整体意义，在迪尔凯姆是存在给予人的形式规范，在西美尔是交往的认识形式。但是，这些看法相同的一点在于，他们所说的社会都不是实体。不过，就交往的纽带和形式这个意义上讲，"社会"在哈贝马斯那里似乎是一种实体，也就是类似马克思所说的"是人们交互作用的产物"。[②] 当然，马克思所说的交互作用首先是指以共同物质生产活动为基础的相互联系，而不仅仅是言语的交往，所以"社会"就是人类生活共同体。但是，这里还有一个问题不清楚，即不管言语还是物质生产，

---

① ［德］哈贝马斯. 交往与社会进化 [M]. 张博树译，重庆：重庆出版社，1989：100-101.

② 马克思. 马克思恩格斯选集：第三卷 [M]. 北京：人民出版社，1995：320.

它们作为各种交往、交互作用等活动是在已然存在的共同体里进行的，还是有了这些活动才生成了作为它们的产物的共同体。正是这个问题，再次凸显了直接与间接关系的现实意义和实践作用，也就是说，即使不能说直接与间接的关系决定了真实活动与相应共同体（也就是社会）的状况，至少前者也是认识后者的重要参照和基本范畴。

从上述几位有代表性的学者或思想家那里可以看出一个共同之处，就是都在不同针对和程度上回避为社会"是"什么下定义。其实，这种情况的根本原因就在于，社会所"是"的东西在内容上远比我们能够表述的"社会"要大，或者要多。但是，由于现代社会的发展变化的确太快，尤其因为科技手段越来越成为人自己的功能延伸，社会存在的这种内容远大于表述的机制性特征也越来越符合当今的社会现实，或者越来越成为当今社会的突出特征，叫做非对象性境况。比如，对于马克思所要求的改造社会和西美尔所认为的解释社会来讲，"社会"毕竟是一种确定的对象，尽管人也处于其中，然而对于今天的社会来讲，这种对象性即使不能说完全不存在了，至少从理论上讲已经无法再作为言说的真实语境了。就理论表达来讲，由对象性转为非对象性大约是从 20 世纪 60 年代开始的，而社会学反叛的典型对象恰恰就是马克思和哈贝马斯的目的论。非对象性的主要特征，就是不再奢望对"社会"进行规范判定和表述，转而认为这种规范就在于各种关系的结构状况。在这个意义上讲，不仅人与社会不再是对象性的关系，甚至历史也不再是一个具有方向的矢量，而是在同样的平面上成为或构成直接与间接关系结构的一个现实部分。①

　　看来，无论故意绕开或回避说"社会"是什么，还是肯定表述了"社会"是什么，其实都是、也只能是间接的阐释。换句话说，各种、或者说所有关于"社会"的理解都不是直接的，而都是间接的，因为社会的存在形态本身就是间接的，即使从实体的角度讲，社会也不是仅仅由于有了相应的时空实体就成其为社会了。首先，撇开社会的生成原因、条件、过程等问题，仅就社会作为某个实体来讲其时空边界就难以确定。再者，这种空间也是不固定的，比如热带雨林、北极冰原是否算作人的社会的空间实体就是相对而言的。因此，不管交往或交互作用与共同体处于怎样的因果关系，由这个关系所体现的 "社会"存在形态也都只能是间接的和机制性的。当然，社会中这种直接和间接关系是针对人而言的，所以才说社会的存在形态就是人应对和处理各种直接关系的间接性机制，而不是指某种空间实体，尽管社会可以占有这种空间。同样，这里要说的并不是某个具体的机制，而是从普遍意义上讲的社会存在形态的基本特征，所以才说它是"机制性"的。

二、关系结构

　　所谓从普遍性来谈社会的存在形态，就是以存在一个叫做"社会"的东西为前提，不管这个东西由占有时空的实体来承载，还是

---

　　① 孙津.社会变化及其知识境况 [J].社会学研究，2004（1）：28-37.

由具有形式的机制来体现，它都是"有"的。相对说来，尽管这一章关系结构的"关系"指的就是直接和间接的关系，所以也是从普遍性上讲的，但是这种关系的"结构"却有特定的含义针对，即不同的分工或分工的不同形态。但是，这样讲的意思并不是说由分工形成或体现的关系"结构"不具有普遍性，而是为了突出这种关系结构（以及下一章的功能作用）的认识论特性，即它们都是作为人的主动行为或自觉安置才成立的。在这个意义上讲，对于社会关系结构的这些含义及其运用的理解，是在承认它们的"有"的基础上对它们的"是"与否的认识或判断。

社会中的关系有很多，不过从社会存在形态的普遍性不难看出，直接和间接不仅是最本质的关系，而且是各种关系共同的特征。至于结构，它应该是相对稳定的，否则就无法支撑真实的关系，而且结构本身也会由于失去联结而坍塌或散失。但是另一方面，结构也是在不断调整的，否则社会就静止不变了。使得关系结构既相对稳定又不断调整的动力就是分工，而且分工本身也就构成了关系结构的基本类型。这种情况和帕森斯所说的"社会角色丛"有些类似，也就是说，社会的结构并不只由物质方面的东西构成，甚至也不在于各种制度，而是各种非人格化的职位。这种职位对于社会来讲是相对固定的，但担任它们的人却是流动的或变化的，所以多种多样的职位与充任其中的人共同构成了社会角色丛，并以各种方式履行相应的责任和义务。不同的角色之所以能够在同一个社会中共处，或者说保持关系结构的相对稳定，非常重要的一个关键因素就是文化，也就是作为第三方的对于角色分配的相应认同。

　　帕森斯的理论前后期有很大不同，但其结构功能主义的核心问题是一直贯穿的，其中所说的社会角色丛一方面具有各自的功能，另一方面也就安置出了一定的社会结构。不过在我看来，这种具有功能的最基本结构因子就是分工，主要有两类，一是支持物质生存的分工，一是群体运行或活动的分工。这样讲的主要根据在于，由于涉及到群体，或者具有社会性的事情大多不可能直接进行或完成，所以才有了分工；反过来的道理也一样，即分工使得直接的操作没有必要了。但是，角色丛并不是构成关系结构的原因，恰恰相反，职位的设置和一个人的角色存在及行为方式也都是受分工制约的。比如，一个人可以作为自然人直接地面对世界，但他同时也可以被作为法人从而以这个"身份"间接地对待社会；同样，一个真实的行为可以直接地叫做"事实"，但它却能够或者不能够构成"法律事实"。因此，从普遍的特性来讲，各种分工的作用都是间接的，而且是以排斥直接为前提的。简括地说，以间接的方式处理直接境况是经由分工才可能的，但分工并不只是一种方法，更是处理直接和间接关系的功能性结构，正是因为有了直接和间接两种基本的依存和交往形式、并且依靠它们才有了社会。

　　但是，分工并不是一种自然而然的需要，而是自觉的意愿和行为，并由此或从中产生出新的状况。换句话说，分工就是为了不直接应对问题，或者不在同样的事情上打乱仗成为可能，所以也就是一种不平等的意愿和行为。即使从常理就很容易理解，最根本、也是最早的分工一定与生活所需直接相关，但分工一旦出现，它本身必然是间接的和不平等的。比如，假定在人的社会形成之前，猿猴群体生存的最基本物质来源是某种果子，而获得这些物质支持的基本方式是每个猿猴都直接采集这种果子，由此这些群体成员所处的也是一种平等的直接性关系结构。但是，当开始出现有的猿猴不直接采集果子却能有果子吃的时候（撇开没有能力或还没学会采集果子的老弱病残幼猿猴不谈），群体内部的关系就出现了间接性。换句话说，不管那些不直接采集果子的猿猴具有了什么新的职能，比如领导、组织、管理、分配等，至少从维持生存必需的物质来源的方式来讲，群体成员不仅有了功能性的结构分工，而且他们所处的境况（即社会）也就是一种不平等的间接性关系结构了。正是在这个意义上讲，分工和不平等互为因果、互为表里，共同成为社会的起源动力和稳定结构。

上述情况表明，不仅从发生的意义上讲，没有分工就没有社会，而且这种情况及其道理的真实性在今天依然如此。一方面，生产过程以及工艺类别等方面的分工不算分工，因为这些方面不过是同样的或同一个事情的不同部分，而且它们作为平等的关系方面也都处于一种直接性的结构，相应的行为也都属于直接的行为。制度、文化等固然是关系结构中的"第三方"，但它们本身就都是分工的产物，尽管它们也对后继的或再度的分工起作用。另一方面，对于真实的分工来讲，关键的动力和变化在于能够产出新的关系方面，包括权势、组织、制度、利益、声望等几乎所有的"社会"方面或因素，而且这种"产出"本身也就作为第三方使分工成为间接的结构形式。同样，不管那些充当产生出来的新关系方面的人，比如作为领导者和组织者有多么善良，又是如何为整个群体的利益着想，分

工本身以及其后新的相应关系结构都只能是间接性的，也都是不平
等的。

　　作为极具特征化的例子，鲁滨孙的故事倒过来说明了上述发生
学的和现实的情况及其道理。也就是说，《鲁滨孙漂流记》以当时
（18 世纪初）理想化的新兴资产阶级文明为标准，并把制度、文化
等"第三方"的间接因素放到鲁滨孙身上，好像这些因素不过是他
当然具有的品质和能力，从而能够与"星期五"构成直接关系。对
此，马克思在批判旧的政治经济学的时候说，资产阶级之所以特别
喜欢鲁滨孙故事，在于他们认为荒岛的生存表明了人的真正的自然
状态，所以私有观念的形成也是天经地义的。但是，马克思指出，
他们故意忽略的是，鲁滨孙在荒岛上所做的一切，造工具、打鱼、
做祷告、记账，都表明了当时英国经济生产的状态。[①] 同样，恩格
斯也说，鲁滨孙是"一个真正的资产者"，因此他不仅曾经贩卖过
奴隶，而且作为一个遭遇船难的商人，也必定要创造他自己的星期
五以供他驱使。[②]

　　因此，朴素的、自然的，也就是直接的"社会"结构是不存在
的。上述猿猴的举例是假设的，而且实际过程远为复杂，比如至少
"家庭"甚至"亲戚朋友"的出现就不仅完全改变了劳动分工的社
会性，也改变了运作的直接性或因果关系。但是，这个假设的例子

————————

　　① 马克思．马克思恩格斯全集：第二十三卷 [M]．北京：人民出版社，1972：
93-94．

　　② 恩格斯．马克思恩格斯全集：第三十六卷 [M]．北京：人民出版社，1974：
211．

所反映的分工关系与间接性结构的"道理"对于人的社会来讲却是真实的。"社会"在马克思来讲不仅是人的整体、人的生活共同体，而且尤其是以人的生产活动为纽带的。表面上看，各种生产劳动都是直接的活动，但是，正是由于作为第三方的这个"纽带"所起的作用，产生了相应的人与人的关系以及经由有组织的活劳动而产出财富的过程，并由此形成间接性的社会关系结构。按照马克思的话来讲，"我们越往前追溯历史，个人，也就是进行生产的个人，就显得越不独立，越从属于一个更大的整体"。因此，鲁滨孙的故事也只是"一点儿想象力也没有的虚构"，最多可以算作各种审美的"错觉"，就像卢梭那样，首先是先入为主地认为人是生而独立和平等的，所以而后才能够依此平等的资格和标准来相互签一个"社会契约"。①

　　然而不管怎么说，有一点是肯定的，即鲁滨孙是人，所以他不愿意面对直接境况，或者说不满足于、不屑于、甚至没能力自己直接动手，于是才造出一个星期五听他指挥，为他做事。这种情况的虚幻性，在于隐去了鲁滨孙能够创造和役使星期五的第三方。但是，即使撇开不平等因素，关系结构也不可能是直接的，因为一个人或两个人都构不成关系结构。一个人没有结构，两个人或者一个听从另一个，都叫做"从"，包括平等的、也就是两个人都"同意"的"从"，或者合不来、谈不拢，于是散伙。显然，作为社会的关系

———————————
　　① 马克思.马克思恩格斯选集：第二卷[M].北京：人民出版社，1995：86-87.

结构至少需要三个人，所以叫做"众"。"众"可以两个人听从一人，也可以三人意见一致，但是一致了就没有结构，甚至成为没有对象的直接虚构。为了结构，也为了间接，就让某一个人当领导，所以把这个人放在上面，成为"众"的结构。即使一个人服从两个人，也可以把一个人放在上面，表示由两个人构成基础，比如所谓的"公仆"，为一个人服务。当然也可以把这个结构倒过来表示，即一个人在下面两个人在上面，只是这样不仅头重脚轻不稳定，而且美学上也不好看。当我们说"人"的时候，想到的多是人直接的自然性，比如男女老幼、高矮肥瘦等，而"众"才表示人的间接的社会性，比如民族感情、国家归属、宗教信仰、生活习俗等。

当然，用猿猴、人以及个人这种极为粗糙的举例说明不过是为了方便，就现实情况来看，以间接方式处理直接境况的最主要分工载体是组织和机构。从社会运行的角度讲，分工是全体成员的事情，不仅一个人不可能有社会性分工，即使是一小撮或少数人设计并实施了社会分工，他们也无法就靠自己直接领导或管理相应分工的运作，所以就通过组织和机构来"代为"运作。显然，这种"代为"就是具有相对固定结构的间接性处理方式，所以组织和机构不仅是运作分工的载体或功能性结构，而且它们就是分工本身现实的和具体的关系方面。组织和机构的类型很多，规模也大小不一，不过就现实情况来讲，"国家"这个组织或机构最大，也最具有权威性。然而惟其如此，国家对其共同体中的成员的管束最松，也就是直接作用最不明显，或者说几乎所有人以及低于国家级别的组织和机构都只是抽象地直接面对国家，一旦有任何具体的行为都需要各种间接的途径或环节才能进行。因此，这些途径和环节就是以组织和机构形式所承载或体现的现实社会中的直接与间接的关系结构。

这些组织和机构不仅间接地对待组织以外的个体，而且也是以间接的方式相互对待，因为它们所使用的只是抽象的单位名义或象征，尽管它们具有与此相应的权威或职能。在这个意义上讲，组织和机构内部的人的关系也是间接的，因为他们只有在从属于本单位的性质上才算作直接性的"同事"，而个人之间的自然关系却仍然是随意的或随机的，尽管也可以通过"同事"的职业特性而具有某种直接性的关系结构。因此，作为实体，组织和机构就是社会存在的直接与间接的关系方面，而作为这种关系的结构它们则具有社会运行的功能作用。

从社会整体的关系结构来说，组织或机构的类型大体可分为三种，即垂直的、横向的和随机的。垂直类型的典型结构就是上下级关系，但其级层隶属和作用方式却是复杂的，而且作用与关系并不必然一一对应。比如在中国，各级的人民代表大会和人民政府在行政级别上是上下级的垂直类型，但其组织或机构的产生和构成是独立的，也就是以所在行政级层及相应区域为单位（也就是某地人大或某地政府），所以与上一级人大和政府的关系结构是间接的。各级党组织和政协也存在级层高低的垂直关系，而且各级组织和机构都是以同样的组织和机构性质（即中国共产党和中国人民政治协商会议）为名义，所以这种组织和机构的关系结构是直接的。但是，从职能运作上看，上述情况正好相反：各级人大和政府自己决定并实施自己的职能，所以其职能运作的方式或形态是直接的；而各级党组织和政协都是按同一个规矩来行为，所以其职能运作的方式或形态反而是间接的，也就是自己并不直接决定自己的（至少是重大的）事情。

从字面上就能够看出，横向和随机这两种关系结构类型的表述就具有间接性特征。所谓组织或机构的横向类型主要就是指它们具有相同或相近的职能，但相互之间没有上下级或隶属的关系，比如不同国家、各级及各地的分公司、同级但不同地方的检察院和法院等。至于随机的类型，主要指职能的不固定或不必需，甚至组织或机构相互之间是否具有上下级或隶属关系也是随机的，比如联合、代理、股份、合作、临时等。横向和随机这两种类型的组织或机构不仅相互关系是间接的，而且根据关系处理的间接性其类型划分甚至可以相互重叠或交叉，比如从分开、重组、独立以及主权等多种因素来看，国家也可以属于随机类型。

上面所说的基本上都是政治性组织和机构，其实在社会中非政治性的组织和机构在种类和数量上都远比政治性的要多，比如工厂、公司、医院、学校、社团、联盟、条约、学会、社区等。大多数"组织"都有相应的机构，比如社团，而"机构"却可以无须组织自行成立，比如医院。不过相对说来，机构比组织更加制度化、合法化，而组织则可以是制度化的，也可以是自然的。实际上，整个社会就是由组织和机构构成的，包括家庭这个最基本的单元，只不过它是基于血缘化或亲缘化的组织。分工形成了各种直接与间接的关系结构，而组织和机构则是这种结构的功能载体。但是，主要由于分工与再分工的复杂性和间接性，各种组织和机构的情况及作用不易说清楚，使用不方便，所以就把这种存在形态叫做"社会"。但是，在这样做的同时，也就带来了更多的模糊性。比如，从阶级关系及政治制度来讲，有封建社会、资本主义社会、社会主义社会等；从文明程度及特征来讲，有农业社会、工业社会、信息社会等；从习俗和规约来讲，有熟人社会、乡土社会、黑社会等。甚至，相同关系特性的"社会"可以具有实体，也可以没有实体，比如联合国、欧盟、东盟等组织或机构是有实体的，而"国际社会"这种真实存在的关系结构却没有自己相应的实体。

三、功能作用

如果说，社会的存在形态是用间接方式处理直接境况的某种机制，而各种直接与间接的关系由于分工并以分工的方式形成了现实社会的结构，那么这一章要说的，就是社会希望并能够具有的功能及其作用。显然，就具体情况来讲，这些功能的实际作用肯定有好有坏，然而就普遍规律来讲，不仅人们希望它们能够起到好的作用，而且这种功能必定是值得实施或运用才会成为社会的真实选择。换句话说，社会的功能作用是在"好的"和"值得"的意义上具有价值选择的普遍性和真实性的，而且直接和间接也是由于承载或体现了这种普遍性和真实性，才成为理解社会具体功能作用的基本范畴。

首先，社会构成之所以包括直接和间接的因素，主要在于人是群体物种。当然，动物也有以群体的方式生活的，但是，撇开人的群体和动物的群体的区别不谈，至少从逻辑上讲人与动物的区别是另一个话题，而这里的讨论是在人与动物具有本质区别的前提下来说的。其次，对于每个人来讲，群体就是间接因素，主要包括两个层面。一个是指在自己之外所有的人的存在这一境况；另一就是群体的力量，也就是群体之所以成为群体的那些特性所具有的功能。显然，就功能作用来讲，后者的力量更大，效果更明显，甚至人作为群体的作用也是经由后者而产生的。比如，古斯塔夫·勒庞在论述群体心理的时候，就认为产生群体信念和意见的基础条件，在于那些具有普遍性的"间接因素"，主要包括种族、传统、时间、政治与社会制度、智育与德育等，而构成群体主张的"直接因素"则包括形象、词语、套话、幻觉、经验、理性等。[①]

　　勒庞关于直接和间接因素的区分对错或真实与否可以讨论，不过作为某种因素，直接和间接的特性以及划分标准都是相对的。因此，就各种因素的各自存在来讲，这种存在并无所谓直接或间接与否的问题，也就是只有当这些因素运动（或者说互动）起来才构成关系，而不同的关系就成了因素是以直接还是间接的方式实施其功能的根据，或者判定标准。不过，所谓运动或互动起来不仅是一种状态，而且包括构成某种状态的因素，比如意愿、方式等，所以不仅从经验上就可以表明，大多数情况下的运动或互动都不可能或难以构成直接关系，而且从自我防护的角度来讲一般也都更愿意采用间接的方式，而不愿意直接介入。比如两个人有矛盾，一般说来都

---

　　① [法]古斯塔夫·勒庞.乌合之众[M].赵志卓译，北京：台海出版社，2018：69-71、94-108.

不想直接打架，而更愿意通过第三方或利益交换之类的间接方式来解决。就连夫妻离婚这种直接的事情，为了避免尴尬，往往也会找律师间接代办。由此，相对说来，对直接境况的间接处理的功能作用更多在于实践的价值意义，而不是一个理论问题，或者说其实践意义大于理论意义。

显然，间接的方式及其运用都不可能是任意的，否则将难以保证效果。从结构决定功能的角度讲，关系处理的功能也是依据关系结构的不同分工而不同的。但是，各种分工的根据以及具体的分工类别也是不一样，比如体力劳动和脑力劳动、生产资料生产和生活用品生产、不同活动领域、不同行业、不同职业甚至不同性别和不同年龄等。因此，面对这些情况，只能从普遍性的角度找出分工本身必然具备的基本功能，即目的、手段、结果，从而讨论相应的作用以及价值意义。但是，相应要处理的或真实被处理的总是直接的对象，所以从间接处理的功能针对和作用特征来讲，大致可以由制度、技术、心理来对应目的、手段、结果的价值体现。简括地说，就是用制度来维系目的的一致，用技术来安顿不同的身份，用心理来满足意欲的需求。不难理解，作为一种功能整体，这三个方面的作用是密切相连的，在实践中更是多有交叉和重叠，分开来讨论只是为了方便。

其一，用制度规范来维系目的的一致性。

真实社会是由人数众多的大大小小群体构成的，所以必须有相应的规则，各种行为才不至于混乱或相互冲突，而规则的固定化和权威化就是制度。各个领域和方面都有相应的制度，比如政治制度、经济制度、社会制度、文化制度、环境制度，以及军事制度、教育制度、企业制度、市场制度、安全制度等，它们都有自己的规则功能，但它们所要共同达到的作用，就是目的的一致。这种一致并不意味着大家都认同某个具体的方向性目标，而是对秩序和安定的遵从，所以没有目标也是一种目标，只要不出现人们（或大多数人）不愿意看到的结果或境况就行。在这个意义上讲，制度不仅提供行为规范和运作机制，而且无形中主张和维护了现实的理念导向。

从普遍性来讲，这里所讨论的当然不是哪一种制度，而是指现实社会总是有其基本制度这样一个状态，所以可以从广义上把它们叫做"社会制度"，包括各领域和方面。不过，这样做也是符合事实情况的，因为不仅在现实中"社会制度"指的就是国家意义上的最基本制度，而且总的趋势是各种社会制度越来越类似，所以类型也越来越减少，比如现在的社会制度大体可分为资本主义、社会主义、混合型等几种。法律也是最普遍和最基本的规则，不过，不仅不同的社会制度可以制定不同的法律，而且制度的作用比法律更为"间接"。在这方面，制度的最大好处是避免国家与社会直接对立，所以也是用间接方式处理直接境况的最重要功能。马克思在分析法国 1848-1851 的革命时说过，只有形成共同利益各种不同利益才能得到保护，但同时国家也就会用这种共同利益的普遍性与社会相对立，并加强国家或政府自己的权力。①

---

① 马克思．马克思恩格斯选集：第一卷 [M]．北京：人民出版社，1995：691-692.

　　为了避免国家与社会对立，制度的一个重要作用，就是通过分工和集中以及再分工和再集中来保持或维系社会稳定和价值观确立。制度实施的前提总是观念上的认同，如果有反对的意见和势力，可以协商修改或重新制定相关制度，甚至可以造反或革命，全部推翻重来。但是，不仅造反或革命的成功本身就需要认同的支持，而且成功后更需要取得新的观念认同，制定新的制度。因此，制度实际上是通过对理念和行为的规范来实施规则、达成目标的，而理念是指经过考虑并且带有相信性质的思想导向，行为则包括指令和行动。换句话说，各种理念、指令、行动的真实性都是以制度设置的底线为前提的。从理论上讲，新制度主义对于行为主义的批判指的正是这种情况，即任何行为都是发生在制度或制度环境之中的。新制度主义开始是从社会学角度批判行为主义的，而现在新制度主义的内容针对已经扩展到经济、政治等多个领域和学科，但它们共同的一点就是都强调制度的作用，反对把行为本身作为独立的社会因素或者分析各种社会因素的基础。在我看来，这种情况不仅从理论上表明了制度在维系目标一致方面的基础作用，更从实践上体现了制度以间接方式达致这种作用所具有的隐蔽性和有效性特征。

　　制度之所以重要，还在于它所具有的处理群体与集体、组织与利益等矛盾或张力关系的功能作用。表面看来，人总是以群体形式存在和活动的，但其实每个人的行为动因或根据并不一定是群体性的，甚至相反，是完全个人主义的。同样，尽管上一章说过组织和机构是直接和间接关系结构的基本形态，但组织和机构本身的形成就需要相应的利益动机和分工机制。在此意义上讲，制度使自然的群体成为有共同目的的集体，并且使互不相连的组织和结构能够获得同样的利益，至少使各方在心理上认为是这样。

对于上述情况或道理，或许曼瑟尔·奥尔森的集体行动理论说得比较直白，即不仅各种组织和机构的存在都潜存着相应的利益动机和争斗，而且即使集体行动取得了成功或获取了利益，个人也还是只从自己的角度决定行为选择。换句话说，每个人都只想借助集体获得好处，却不愿意，或希望尽可能少地承担集体的责任和义务，也就是所谓的"搭便车"。制度并不能消除"搭便车"，但可以控制甚至不用担心这种做法，因为制度的刚性规范使得"搭便车"的个体行为不至于达到妨碍正常的集体行动的程度，而且这种间接处理方式也有利于避免直接冲突。如果考虑到组织和机构也会"搭便车"，制度功能的间接方式就显得尤为重要了。

其二，用技术方式来调节身份的差异性。

无论多么平等，也不管怎样民主，社会现实中的人总是有高低差别的，虽然这种差别大多并不是人为造成的，但毕竟还是有身份不平等的感觉。对此，用技术来安顿不同的身份，就成了既承认差别又不至于引起直接矛盾或对立的间接方式。这里所说的"技术"指技能和专业，其形态大致可分为两个方面或两种情况。其一是大体上可以用钱买到的各种物质支持；另一是基本上可以通过自己的努力甚至天分就能获得的权利，包括对知识、权力、习惯等因素的掌控及运用。这两种情况的技术方式至少看起来比直接的特权分配要相对平等，也就是在交易标准以及手段或方法使用方面对所有人都一视同仁。比如，撇开少数人才能拥有的豪车豪宅这些大不动产不谈，像普通的小轿车和 5G 手机这些先进产品很容易，而且确实已经成了各等身份的人都使用的日常用品；又比如，大学教授和农民工的确存在工作和生活条件的不同，但多数人都会认为这主要是人在天分、专业以及才能等方面的天然差别，所以也不至于由此带来什么心理不平衡。

需要指出的是，这种间接的技术功能不仅不能改变不平等的原因和现实，而且它的功能根本不在于此。如果说，制度的规则功能是主观的设计或主动的选择，那么技术所起到的"调节"作用似乎是自然而然形成的，而实际上则是分工本身的标准和伴随物，而且也正因为如此它才具有安置身份和调节级差的功能作用。技术当然可以直接使用，但其调节作用所追求的"好的"和"有效的"作用却是间接的，也就是需要使这种技术的运用具有合理性与合道义性。因此，"自然而然"并不是说技术方式的不重要和随意性，恰恰相反，它表示了技术方式本身的客观性，而所谓调节作用，就是以不经意的形式在生活层面大大减少或缓和了由于级差和习惯的升降变动带来的不稳定。相对说来，级差是指分工造成的结构和身份差别，而习惯则是指生活方式的时尚和档次。事实上，正是有了技术这个安置身份的调节阀，市场竞争、机会均等才能够毫不费力地直接成为具有正面价值导向的文明理念甚至规则，共赢发展、发家致富也才是值得相信和追求的梦想。

之所以把技能和专业合起来叫做"技术"，主要因为它们既是生存手段和工作能力，也是专业知识和操作技巧，似乎是每个人在社会中生活都必须具备而且也确实具备的最基本方法和本事，尽管对于不同的人来讲这些方法和本事有着程度高低和数量多少的差别。与此相应，技术作用的间接性不仅在于技术本身具有复杂多样的表现形态，而且还在于由技术标明的身份级差与生活习惯并没有固定的或一一对应的关系。从复杂性来讲，专业知识、技术级别、工作职位都可以是一种级差特权，而时尚、消费、流行所体现的则是经济实力，然而这些级差特权或经济实力并没有相对固定或一致的工作作风和生活习惯，甚至其表现特征可以与一般的看法相反。比如，如果普及和实用是大众的身份特征和生活习惯，而追求时尚则需要相当的经济实力，那么有特权的人完全可能在生活形式或外表上采取普及和实用，而经济实力并不高的人却也可能竭尽全力地追求时尚甚至高消费。

　　不过，上述那种貌似有悖常理的现象和情况并不意味着技术调节功能的失效，反而是扩大了这种功能对复杂情况的适用域，同时也增加了相应的隐蔽性。比如，雇佣劳动是合法的，而如果实行股份制，并且让企业的员工全都持股，那么工人的身份依然清楚，但其被雇佣的性质就变得相对模糊和不确定了。还有不道德或违法的技术，比如权钱交易的腐败、拒不还账的"老赖"等。但是，由于它们有悖于普遍认同的价值观，所以只能偷偷摸摸地使用，而且一旦事发对犯事人的身份安置性质或效果也是负面的。

　　其三，用心理满足来提供效果的正当性。

　　各种功能的作用或效果如何，也就是对于事情做得对不对、好不好，需要有一个评判标准。表面上看，这个标准应该是客观的，其实不然，因为一方面同样的事情不同的人看法不一样，另一方面即使人人都能够公正客观地对待事物，每个人的认可与否仍然体现为他的心理体验。在这个意义上讲，这里的心理是指在个人与群体关系意义上意欲的普遍性。因此，心理满足作为效果的评判标准并不是指主观随意，更不是唯心主义，而是指对于所希望的、好的效果的正当性确证。换句话说，心理满足是用来安置意欲和权利的。

意欲指基于或出于欲望的意识或意念，安置它们需要的是伦理根据，而权利包括自然和法律两方面，对它们的安置则是为了达到两者的平衡。但是，间接因素和功能的增加，很可能导致作用对象（事物、环节、计划、过程）的伦理性发生改变，甚至颠覆，所以心理满足就具有了人性的伦理性。按照法兰克福学派的批判理论（比如弗洛姆）的看法，存在一种普遍的人性，它将随着社会革命或社会改造而在符合人性的"健全的"社会中得到实现。但是，在这个过程中普遍的人性并非无所作为、消极等待，相反，现实社会的弊端以及改造现实的任务恰恰表明需要一种"人道主义伦理学"，以指引社会朝着人的社会发展，也就是使社会全体成员得到最大限度的人的发展。① 在此意义上讲，普遍人性其实是一种实践价值，而作为评价标准，心理满足所确证的正当性大体相当于我们今天讲的"获得感""幸福感"。

显然，每个人的心理感受是不一样的，所以这里说的应该是社会心理。从一般寓于特殊的道理来讲，社会心理不仅离不开，而且

---

① ［美］埃利希·弗洛姆. 为自己的人 [M]. 孙依依译，北京：三联书店，1988：219-220.

只能来自个人心理，所以作为评价标准，社会心理的成立或存在只能是间接性的，其最为常见的方式，就是把直接的感受转换成间接的比率数。现在的科学技术已经使地球越来越小，"社会"的载体也就越来越小，包括结构上的无隔膜和功能上的无隐私，所以"好的"客观标准或硬件设施对所有社会和个人都是一样的。比如，某种程度的现代化水平可以包括人均 GDP、绿化覆盖率、空气指标、千人的病床位占有数、警察的破案率等。但是，这些指标本身并不能表示心理的满足感，更不要说能分出满意的程度了，因为比如人均 GDP 可能和某些群体的收入没有正比关系、医院可能服务态度不好或药品价格太贵、警察可能粗暴执法等。因此，只能用概率抽样的方式，以不同个人主观感受的平均数作为群体或社会满足感及其程度的百分比。比如，中央广播电视总台《中国经济生活大调查》发布的 2019—2020 年度"中国十大美好生活城市"，就是这样评选出来的，并且按笔画排名列为上海、长沙、长春、北京、青岛、昆明、济南、海口、深圳、厦门。个人可以对是否相信或认可这个评价持不同态度，但这种做法本身却代表了某种社会心理的正当性。

也有无主题、无组织的评比或评价，目的多是一种自我满足，比如自媒体、自拍、自做主播，甚至打游戏，都是心理的自我满足。但是，自我满足却必须经由社会性标准的认可，所以必须给林林总总的目的及内容提供一个普遍的参照。在今天，这个参照就是时尚，因为时尚的含义就是与时俱进，所以追逐时尚就成了对于无论物质还是精神都以极快的速度更新换代这种境况和变化的适应，甚至超前。因此，创造、引领、追逐时尚就都成为心理满足的普遍参照和显在特征。比如，当电视推出"时尚科技秀""时尚新科技"等栏目，并提出"创新无止境，科技也时尚"的要求时，"时尚"不仅是追求的目的、心理满足的标准，同时也就是"创新"本身的内容和价值。相对于直接的创新活动，时尚本身已经抽象出来，作为第三方起作用，也就是成为间接的参照或标准。

就当今社会来讲，对社会心理满足与否的起最大作用的功能当属媒体。"媒体"这个词本身的意思就是间接，也就是用间接方式运作直接面对自己的观众、听众、读者，而后者不过是媒体运作的资料或素材，所以比如媒体喜欢把本应该正常播报给公众的情况叫做"爆料"。但是，正因为这种间接本身就是垄断，所以对直接的处理自觉不自觉地就对社会具有了榜样或示范作用。一般来讲，媒体也是一种组织，但其功能作用却在于对信息及其运用的垄断，包括事实、观感、趣味、价值甚至时尚。正由于此，媒体能够很方便地假借代表民意，实际却是控制、甚至制造和左右舆论，所以叫做"无冕之王"。换句话说，即使媒体播放或传达的是百分之百的真实事情，但选择什么内容、以什么导向或评价来播放，才是社会心理满足形成与否的决定因素。

由于垄断，媒体的好恶使得相应示范的导向和效果并不都是好的或正面的，包括为了标新立异或迎合某种价值倾向而错用或乱用语法和词汇，甚至造成视觉和听觉污染等。比如，女主持人减肥整容，腮帮子像被刀削去一块，而国际时事的女评论员却梳个男孩草鸡窝头，而且永远面无表情，背书般地说话，就像电视剧里穿清朝官服的僵尸。这些都让人看着、听着瘆得慌，但是，对于此类媒体暴力的无奈隐忍也成了一种习惯的社会心理，而且这种习惯同样包括以模仿媒体为时尚。比如，媒体明明是自己想说什么或表演什么，却主观霸道地说这是跟大家"分享"，结果全社会都跟着这样说，而且习以为常、乐在其中。告诉、送达、知道、分担、分摊等意思通通都叫做分享，既不管拿出来"分享"的内容有用没用、是痛苦还是欢乐，更不考虑被"分到"的东西对于接受者来讲是不是一种"享受"。又比如，媒体为了显示自己有文化、懂学术，就把什么人都叫做"老师"，结果立刻就又在社会上形成风气，结果已经是活生生地解构了教师的职业特性。

四、结语

把直接和间接作为两个哲学概念是没有问题的，而且它们在揭示和说明人在社会、也就是群体中的活动关系方面，也具有范畴的普适性。社会是由对直接境况的间接处理构成的，或者说是这种处理的某种形态。充实或承载这种构成或形态的内容，既可以有重要的、共同的群体性活动，比如政治、经济、文化、科技等，也可以是不重要的个体体验，比如旅游、欣赏、甚至休闲发呆。同样，社会可以是有固定的空间形式的实体，比如国家、组织、机构、家庭，也可以是非实体功能的关系，比如国际关系、动员、交往、对话等。就人们所处其中的真实性来讲，时间也是由社会给出的，或者说离开社会的存在和运行我们几乎没有什么办法能够证明那个叫做"时间"的东西。

除了理论上定义或说明"社会"的困难，从实践上讲，至少因为有各种"邻居"的存在，无论个人、家庭还是群体、国家，相互之间很难真的直接打交道。从相互连接的状态来讲，所有实体和个人都是比邻而居的。邻居当然是一种直接关系，但恰恰由于总是不得不考虑邻居的反应，一般都是尽可能避免直接接触，更不愿意发生冲突，所以惯常都愿意、实际上也更多采取间接的方式行事。由此，社会的存在就体现为以间接方式对直接境况的应对和处理机制，它与相应的分工互为因果和互为表里，而分工的最基本载体则是组织和机构。这些组织和机构的运作是由制度来规范的，人的境况差别则需要靠技术来调节，而所有这些都需要由社会心理来提供效果好坏的评判。由此，尽管真实社会远不止这些问题，分析的内容或角度也不只存在形态、关系结构、功能作用等方面，但是这些已经能够表明，用直接和间接作为认识和分析社会的基本范畴是合适的和有效的。

哲学文化：界限与自由

　　界限与自由是哲学在文化领域的两个基本范畴。作为文化形态的自由是相对哲学道理的界限而言的，所以自由是界限的价值所在，而没有界限的自由只是混乱。人不得不交流，所以人最大的界限和最大的自由都是语言，而它所验证的正是人的生存的神秘，或者说神秘对于人的生存的意义。当物质享受作为合道德的自由的时候，伦理的秩序就是它的界限，其另类的辩证法在于互换手段和目的的否定之否定，并可能由此导致生存伦理被完全否定。非物质性的艺术将神秘本身作为精神的运作对象和内容，这种超越性质或特征既是精神本身的创造，也创造精神，其突出的表现或形态，就是审美境界。

　　所谓哲学文化，是指哲学的文化形态。如果说，哲学是宇宙万物和人类活动的道理，那么文化就是人自己创造出来并愿意遵从的习惯，所以哲学具有规定的逻辑，而文化则是自愿的选择。对于主体及其活动的意义来讲，自愿选择所体现的固然是一种自由状态，但规定逻辑则处处隐含或展示出相应的界限要求。因此，哲学文化的实际含义是指具体和抽象相统一的道理形态，而哲学文化的作用则在于确定或认识各种"意义"的精神价值。这种道理形态和精神价值既可以做技术操作，也可以做范畴运用，但其性质或功能属性应该是某些（主要是价值）判断的先验根据。

　　真实的哲学文化总是一种自觉或主动的意愿，所以就会要求对现状的改变，包括改变自己和周遭世界。正如马克思那句名言所说的，"哲学家们只是用不同的方式解释世界，而问题在于改变世界。"[①] 显然，寻求改变就会有界限，不过这种界限并不在于具体的困难，而是指改变的限度，因为困难恰恰是需要改变的对象，而限度才是对于"应该"改变与否以及改变程度和怎样改变的认识、判断和选择。在此意义上讲，界限与自由是人类活动普遍存在的基本关系，而动物因为没有这种界限所以也就没有自由，只有自然。不过，界限和自由并不是一对矛盾的概念，也不是说界限激发了对于自由的追求，而是说，界限表示某种特性，自由则是不同程度摆

---

　　① 马克思. 马克思恩格斯选集: 第一卷 [M]. 北京: 人民出版社，1972: 19.

脱界限的一种状态。换句话说，界限与自由这种关系的本质在于自由是界限的价值所在，没有界限的自由只是混乱，放弃自由的界限则没有意义，而最能够体现这一本质的真实情况或领域，恰恰就是人的哲学文化。因此，界限与自由就内在性地成了哲学文化得以运行的基本范畴。

如果说，对于基本范畴的认识属于理论问题，那么范畴的运用就更多具有了实践的可行性和价值意义。事实上，界限与自由这两个范畴及其关系的普遍性正在于它的现实性，包括对说话交流、衣食住行、精神需求等人类基本活动的支配作用，所以对这些方面的分析和阐述能够有助于了解和认识"文化"所承载和表达的我们自己的存在及周遭的真实境况。

一、日常言语

人最大的界限和最大的自由都是语言。人不得不说话，不仅对别人，也包括对自己说话，所以说话是人之为人的根本界限。但是，人真正能够自己做主的事情也是说话，所以是说话又是人最根本的自由，即使是意识形态禁忌，它所针对的仍然是说话的自由。说话当然就要让人懂得，所以哲学的一个基本功能，就是说明白什么是"是"，但这却是一件很困难的事，甚至是人发明了哲学以来直到今天仍没有解决的问题。这样讲的道理在于，"是"作为谓词没办法自己定义自己，而如果设置某种参照来定义"是"，那么或者因为这些参照的确立本身就需要使用"是"而不可能，或者将陷入参照外延的无限扩大或循环。

　　幸好，人在实际生活中并不纠结语言的这些哲学道理，而是在可理解的文化意义或经验意义上使用语言，否则人们就无法说话了。换句话说，语言的使用大致可分为两种情况。一种情况只允许有一种解释，不得有歧义和误解，比如科学原理、法律条文、官方文件等情况的语言使用。因此，这种语言及其使用都更多具有界限性的制约。还有一种就是所谓日常活动中使用的语言，其真实意思并不完全取决于某句话的语言规范（用文字写出来的）本身，而是更多取决于情景、上下文、甚至听者的主观选择等这句话的语言规范"之外"的因素，所以不仅允许有多种解释，而且也最具有自由特性。比如，一个人说他"出门"了，这句话的意思就有很大弹性，但只要包括"有某个时段这个人不在家"这个意思就行，并不必须知道或确定这个人去了哪里以及去干什么等情况。

　　从状态来看，上述的第二种情况其实就是一般的说话，所以日常活动中使用的语言可以叫做"日常言语"。作为思维、表达、交流、指令的工具，语言是独立自为的，也就是说，语言自身必然有一套普遍的规则。但是，这个规则绝不仅仅只是指语法，相反，对于具体的"意思"来讲，语法只是一套虚构的规则，甚至是"虚构"本身。真正的"意思"是由字和词来承载的，所以只有具体的言语才有"意思"。相对言语活动或过程的物质性状来讲，言语所表达的"意思"应该是具有精神性的东西，比如认识，或者尚未达到认识层次的观念。在此意义上讲，认识或观念其实是对语言的反映，而物质无论作为实体、存在现象还是活动形态，都不可能不经由言语就作为认识或观念的反映对象。

如果日常言语本身具有"意思"，而且不在乎这种意思的多重性，那么，解释的界限其实就来自语言，也就是把语言作为认识的工具。打破这种界限的惟一办法，就是把工具本身做成了内容，而这也就是言语的自由。比如，一个人看见一团黑东西，就以为是块石头，然而走进了才看清楚那是一只猫。可是，他怎么能够、或者说根据什么"认为"那团黑影是"石头"和"猫"呢？尤其是，就算他通过一次次实践逐步"知道"了黑影、石头以及猫的各自存在和区别，他又是怎样让"别人"知道并"同意"他的判断和解释呢？看来首先要靠语言的界限，也就是黑影、石头以及猫的固定或规范意思，而言语对这些意思的运用才是自由，也就是人们不仅都知道这些意思指什么，而且同意按照不同的理解和要求来表示它们。换句话说，我们的语言、至少从经验层面来说的日常语言，总是在界限与自由的关系互动中具有真实含义的。

显然，上述言语和"意思"的相互依存就是认识或观念不可还原性的关键所在，所以确定解释对象就成为一个本体论问题。但是，语言之所以能够作为言语来使用，也就是"说话"的最为关键原因或作用，在于语言本身并不依赖人的发声，甚至也不依赖人的交流需要，而是独自成立的。因此，本体论的"存在"问题并不因为语言使用的方式方法而得到解决。不管认识来自什么，也无论存在着的东西有没有实体，总之一次次实践以及人们的同意似乎都表示，已经有一种道理或规则"事先"在某处等着。如果不是这样，怎么能够叫做"发现"真理呢？于是，局限就在于解释的不同根据，比如粗略地说历史上就有柏拉图主义和唯名论、唯心主义与唯物主义、超自然主义和自然主义等，而自由就是不同根据的实际存在和相互争论。

解释对象的本体存在与语言和"意思"的相互依存之间的联系，就是我所谓的日常言语的"神秘"。不过，就话语表述的精确与否而言，罗素用他的"摹状词理论"想出了一个办法，为的是设法绕过所要判断的对象，从而避免本体论的麻烦。① 简单地说，罗素区别了"摹状词"和"名词"，然后通过把名词改为摹状词的表达方式来避免直接指认某物的存在与否。比如，在上面那个例子中，"黑影原来是只猫"的判断就是认定猫这个名词的存在了，如果换成诸如"在某处某时有只像是黑影的猫，而且其他任何时间和地方都不曾出现过这种事情"的表述，句子的中心就成了一种表示对某种状况的陈述，也就是摹状词，而"猫"和"黑影"这些名词所表示的东西的存在与否，都是由这个陈述来表达或决定的。

不过，至少是因为麻烦，显然就不会有人用所谓摹状词的方式来说话。因此，维特根斯坦认为规范的或成文规定的语法只是语言的"表层"现象，甚至不过是一种虚构，对言语的实际内容或意义不起作用。由于语言中的"符号"、"词"、"语句"等等东西的含义不是固定的，而且在实际运用中更是有着无数种不同的用途，所以需要揭示语言的"深层"语法，包括语言规则之外的东西，比如各种情景。由此，维特根斯坦不仅把研究重点转向了日常语言，而

---

① [英] 罗素 . 逻辑与知识 [M]. 苑莉均译，北京：商务印书馆，1996：49-68.

且还用"语言游戏"来表示这种情况，其"用意在于突出下列这个事实，即语言的述说乃是一种活动，或是一种生活形式的一个部分"。① 不管乔姆斯基是否受到维特根斯坦的启发，但他的看法的确与此有类似之处，就是认为语法具有"表层结构"和"深层结构"，它们作为语法的用处是由一种可以叫做"转换生成语法"的规则系统来提供的。用最粗略的方式说，"转换生成"就是既按照编排好的方式（语法或句法）来使用语言的基本符号（字母或字），又依赖不同的情况（也就是语境）来理解语言（也就是句子）的意思。由此，这个"意思"不仅经由了固定编排和具体语境的转换，而且从中生成了真实的意思。②

但是，写下来的语言并不只当作表述、摹状来使用，它们也可以就是具体言语，所以语言的规则在此就不起作用了。换句话说，与语言不同，言语并不只靠语言为规则，甚至另有规则，这就是情景。比如，当一个人说"啊"的时候，他可能是询问对方他俩都知道的事（表示是不是、怎么样、催促等意思），也可能是问话人对某件事或情况、现象、存在的怀疑，而且这些事或情况、现象、存在只有他自己知道。又比如，当一个孩子说"啊！爸爸"时，他要表达的可能是追问、催促、埋怨、关心、质疑等意思，总之，这个"啊"的意思不止一个答案。

---

① ［德］维特根斯坦. 哲学研究 [M]. 李步楼译，北京：商务印书馆，2008: 17.
② ［美］乔姆斯基语言哲学文选 [M]. 徐烈炯，尹大贻，程雨民译，北京：商务印书馆，1992: 7-8.

不仅如此，日常言语的"意思"表达和理解往往需要依靠"情景"，包括言语活动中的上下文、语气、手势、表情，甚至对话者的相互关系，以及故意的隐瞒和欺骗等多种因素。正是这种"情景"，成为具体言语活动或运用中确定相应（比如上述两个例子中的"啊"）准确含义或"意思"的关键因素。对此也可以从相反的方向来举例说明，比如当某人说"你像亲儿子一样待我"的时候，其准确含义或"意思"的确定至少有四种情况。其一，只看文字我们没法知道说话者和听话者哪个年纪更大，从而知道谁是"儿子"。其二，对此甚至听到声音也不能确定双方的年龄大小，因为年纪大的一方很可能声音并不显老。其三，说话者的性别也成了问题：因为如果说话者年纪小从而作为"儿子"他肯定是男的；但如果说话者年纪大从而对方是"儿子"，那就不能肯定说话者是男是女了。其四，如果说话者的年纪和性别都不清楚或其中某一个方面不清楚，"亲儿子"指的是对话中的哪一方也就不能肯定。

另一种情景是心理习惯。比如，高铁上的"吸烟引发报警，违者依法处理"和公交车下踏板处的"站立禁区"就都把本来要说的意思说反了：前者的意思是一个人不吸烟，或者吸烟没有引发报警，就要依法处理，而后者的意思则是下车的踏板只能站立不能有别的动作或移作他用。但是，生活中没有人理会这些"语法"和"语义"的错误，因为所有人"看到"这些警示时已经有了一个心理习惯，从而"事先"就知道了警示本应有的意思。因此，语法和语义在此都不起作用，人们不过是由某种字符而激起或唤起了相应习惯的规则，而完全不需要理解和遵守语言的规则，就能"正确地"实现由这些字词所表示的警示目的。

在日常言语的世界，界限与自由所验证的正是人的生存的"神秘"，或者说"神秘"对于人的生存的意义，即凡事都不是不可理解的，但其解释的效用却是有限的和不确定的。很可能，前面说过的言语和"意思"的相互依存既是这种"神秘"存在的根据或原因，也是"神秘"的实际状态或内容，因为"神秘"并不是不可知，而是指语言无法"解释"自己。在这方面，最典型的实例也许就是翻译。的确，蒯因（又译奎因）在1960年就已经提出了"翻译不确定性"的论点，并且设计了检验翻译正确与否的论证方法。[①] 但是，他这个论证方法仍然是一种逻辑意义上的分析假设，即必须满足若干基本的逻辑条件翻译才是经验上可证实的，所以并不能解释日常言语中的"翻译"根据。比如，当数十种不同语言的人说出同一个东西的时候，这些人是怎么"知道"他们所说的是同一个东西，或所指的是同一个意思，既然他们的语言完全不同？如果所说的是一个可感的实体或现象，也许他们还能够通过看见和触摸等行为来"知道"（撇开这些人能否把相应的东西拿来做相同的体验比较不谈），可是如果说的是某种抽象的东西，比如"意思"，那么这个"意思"是什么意思，而他们又是根据什么得到他们认为是相同的"意思"的？对于这种"神秘"，第三部分的"精神创造"还要论及。

① ［德］施太格缪勒. 当代哲学主流: 下卷 [M]. 王炳文，王路，燕宏远，李理译，北京: 商务印书馆,1992: 260-262.

二、物质享受

哲学的另一个重要功能是对伦理的确定。如果说，日常言语验证了"神秘"的意义，那么物质享受则体现出一种别样的辩证法，即手段和目的互换的否定之否定。一方面是赚钱由手段变成目的，另一方面是享受的便捷化由生活目的变成赚钱手段，消费也因为赚钱而由目的变成手段。整体说来，对于财富和便捷的获取就是生活真实的界限，所以自由就取决于对这两者的运作，但恰恰是否定之否定的运作方式，使得人的生存自由的目的被获取自由的手段所制约。由此带来一种可能的境况，就是生存伦理被完全否定。

自由并不是抽象的美德或理想，而是值得追求和获得的利益，其中最普遍的利益就是物质享受。但是，当物质享受作为合道德的自由的时候，伦理的秩序就是它的界限，所以相对说来，哲学确定的是伦理秩序，文化认同的是道德规约。这样讲的道理在于，真实的（包括现在所谓"发达"或"先进"的）物质享受并不只是生活必须，相反，它大大超出了生存的最低或必需限度，成为对于人的物质生活状态（包括现在所谓"生活质量"）的无限追求。今天，这种追求已经成为一种文化，相应的物质享受从哲学文化角度来讲也不仅仅指具体的文明方式，更多是指生活态度，所以伦理界限所针对的正是这种追求的终极限度。

尽管伦理是对人而言的，但也包括人和自然的关系，因此，所谓伦理秩序就是人世万物各自的位置。比如，"人性"如果是真实的，那就应该是相对人以外的"自然性"而言的。如果说，与人相对的"自然"可以分为动物、植物、细菌等"生物"和河流山川、雨雪光电等"非生物",那么"自然性"也可以分为"生物性""非生物性",以及再分为"老虎性""狗性""松树性""病毒性""日光性""风性""铜性"等等几乎数不清的"性"。人性和所有这些不同的"性"就是伦理的秩序,而每一种"性"体现的则是秩序的相应位置。

但是相对说来,至少由于非生物没有"意识",而其他生物即使有"意识"也和人的"意识"不在一个级别,所以它们的自由只能是一种"适应",只有人的自由在于谋求对现状的改变或改造。比如,鸟用了许多万年"学会"或"发明"了筑巢,接着又是许多万年如此不变地筑着它们的巢,但人的住处可不仅仅是遮风避雨、防御天敌(人没有天敌,因为人是包括人自己在内的一切东西的天敌)、生养后代的地方,而且这种"住处"的功能、规模、样式更是日新月异地变化着。因此,人的伦理存在不仅总是有序的,而且更是的人自觉安置,比如只有知道长幼有序才会认同尊老爱幼,只有承认男女有别才能要求和实现男女平等和保护妇女权益。这种情况表明,不仅自由要求改变现状,而且"人性"本身就具有改造人和自然的特性。

物质享受既是这种"改造"的动力,也是它的普遍性成果,并成为哲学文化的基本载体。至少从逻辑上就不难理解,对于物质享受来说界限和自由的基本关系包括两个主要内容,一个是物质财富的产出、获取和分配,另一个是是否需要,以及需要多少财富。这两个内容的伦理特性,都是人对于自己生存状态的认识和把握,下面分开来讨论只是为了表述的方便。

先说财富的产出、获取和分配。

由于任何个人或工厂都不可能产出所有物质财富（包括必需和不必需）的种类，所以钱就成了不同财富种类的交换标准。换句话说，钱是物质享受这个自由的界限，也是伦理的秩序，因为产出多少财富是可以用钱来折算的。财富当然不是天上掉下来的，所以如何产出、获取和分配财富就具有了公平和正义（简称"公正"）与否的道德性质。抢夺、诈骗、偷盗，以及权钱交易等"腐败"行为都是不道德的，叫做"违法乱纪"，不过由于这些行为本身并不产出或创造财富，所以不属于这里讨论的问题。

如果用"钱"来代替财富，那么钱或财富的来路主要有两种情况，一个是挣钱，一个是赚钱。挣钱虽然辛苦，但运作对象和预期目的都是确定的，而且有多少收获就有多大的享受自由，所以钱和享受成正比。赚钱就不同了，它的目的是产生利润，而且还要"最大化"，所以对钱的欲求和获取远远大于享受的需要。然而，这两者都可能把钱作为绝对的界限，从而丧失了享受的自由，比如挣钱的人不仅也想挣得越多越好，而且还可能是个守财奴，而几乎所有赚钱的人更是都把赚钱本身当成了目的。挣钱和赚钱都能够创造财富，但只有赚钱者才能占有财富，所以两者的根本区别在于，挣钱是出卖自己的劳力（体力和劳力），而赚钱却是剥削他人。阶级社会一直就存在剥削，不过自资本主义以来，剥削主要是指各种（产业、商业、金融、投资、保险等）资本家以资本运作的方式占有剩余价值。这种赚钱或获取财富的最为不道德之处，就是造成贫富两极分化，比如今天世界上 1% 的人估计占有 50% 以上的财富，而 10% 的人更是沦为饥民、流民和难民。

为了产出、获取和分配的公正以及合乎道德，必须克服两个根本界限。一个是私有制和阶级，所以《共产党宣言》说"共产党人可以用一句话把自己的理论概括起来：消灭私有制"；而消灭了阶级和阶级对立的社会将是一种联合体，"在那里，每个人的自由发展是一切人的自由发展的条件。"① 另一个是与社会的经济结构以及由此制约的社会的文化发展相适应的权利，所以马克思在《哥达纲领批判》中才说达到共产主义是有条件的，其中之一就是"在随着个人的全面发展生产力也增长起来，而集体财富的一切源泉都充分涌流之后"，才有可能实现"各尽所能，按需分配"。②

但是，即使撇开各人对赚钱的看法和欲求不同不谈，仅仅由于世界发展的不同步或不平衡，物质享受的形式和程度就会几乎无休止地攀比下去，从而赚钱也就仍然是物质享受这个自由必然的和真正的界限。因此，相对财富如何产生出来的自身"规律"来讲，追逐利润和分配不公或许就是主观自由的界限，甚至还有隐性的矛盾互换。比如，制度层面可以说人民是经济制度（主要是公有制）的所有者，而且合道德的政府可以保证社会财富只为共同富裕所用，但是从具体的运作层面来讲，财富产生的方式应该是一样的（至少从减少损耗的划算和利润的最大化来讲是如此），所以资本主义的

---

① 马克思 . 马克思恩格斯选集：第一卷 [M]. 北京：人民出版社，1972：265、273.

② 马克思 . 马克思恩格斯选集：第三卷 [M]. 北京：人民出版社，1972：12.

利润赚钱和社会主义的共同富裕这个矛盾双方就可能同时互为手段和目的。换句话说，公正的自由是以赚钱的方式或规律为界限的。

不管怎样看待共产主义，至少它的实现过程需要十分漫长的时间是不难理解的。那么如何保证人们能够在如此漫长的时间一直按照实现共产主义的要求去做呢？列宁在很多地方（比如《国家与革命》《伟大的创举》《关于星期六义务劳动》等）谈到过这个问题，说因为这是一个相当长时间并且具有"渐进性"和"自发性"的过程，所以要靠"习惯"。需要"人们已经十分习惯于遵守公共生活的基本规则""从必须遵守变成习惯于遵守"，[①]比如星期六义务劳动的做法就是克服与私有制社会相联系的"巨大的习惯势力和保守势力"的"伟大的创举"。[②]如果情况的确如此，那么"规则"也需要有人制定，而且"习惯"更需要有人认同、坚持和维护，所以对于实现财富产出、获取和分配等方面的公正性，从而也就是保持相应界限和自由的一致性来讲，至少取决于两个因素。一个是领导人或领导集团的正确信仰和道德操守，从而能够带领人们一直保持共产主义方向；另一就是相应的有效制度，从而最大限度地避免或遏制人为的违法、违规、违纪和错误。

再来说是否需要和需要多少财富，以及用这些财富支撑怎样的物质享受。

---

① 列宁选集：第三卷 [M]. 北京：人民出版社，1975：247-248、254、259.
② 列宁选集：第四卷 [M]. 北京：人民出版社，1975：11.

　　无论从历史还是现实来看，真正的困境都在于自由本身也可能成为界限。这有点类似以赚钱为目的，即赚钱本身成了目的就没有享受了，而完全以享受为目的也可能造成享受本身的受损，甚至提供享受的手段以及为享受服务的外力都可能排挤享受本身。从现实情况来看，不管挣钱还是赚钱，几乎都希望多多益善，所以人类"应该"需要多少财富，以及用财富支持"怎样"的物质享受这些根本性的伦理问题也就被彻底忽视了。从最普遍和最一般的角度讲，物质财富是用来享受的，但由于对享受程度和范围或级别和规模的不停追求，"时髦"不仅成为这种追求的恒定标准，而且就是物质享受真实的文化形态。前面已经说过，没有界限就没有自由，所以时髦很容易由目的变成手段，而所谓发达、进步的生活质量的标准其实也就在于对时髦的追赶。

　　"时髦"的本义就是与时俱进，而在今天，最能够表明物质享受方面的"进步"特征，就是高新科技含量以及相应的便捷化程度。从人的好奇心和对真理的追求来讲，科学技术似乎可以作为目的，便捷化的舒适性也可以作为物质享受的目的，至少是重要内容。但是，它们在今天都成了手段，而且是赚钱的手段，以至于争取和实现自由的实际困难在于利益的竞争和垄断。由此，不仅科学技术的进步性质在于能够赚钱，而且赚钱一直就是科学技术进步的动力。科学技术的所谓进步有两个动力，一个是兴趣，包括名望，或者成就感，另一个就是利益，也就是赚钱。这两个动力当然可以分开，比如科学家搞科研并不是为了赚钱，但必须要有钱支撑他搞科研，那么出这个钱的目的和动力必然还是赚钱。当然，所有这些在国家来讲也许可以叫做"发展"，所以为了"发展"（包括安全、尊严、荣誉等）就应该而且必须投钱进行科研，包括基础理论和技术开发。但是，这些做法只是国家对财富使用的调节，并不改变科学技术为"发展"服务的基本要求，也不妨碍把科学技术作为第一生产力。对于持续制造和扩大市场来讲，便捷化更是最重要的手段，所以至少必须不断地刺激高消费，不断地提供有吸引力或诱惑力的便捷化物品和服务，比如有了 4G 还要 5G，而现在已经在研制 6G 了。

然而，正因为科学技术和便捷化成了手段，真正的界限还在于对于物质享受的限度的认同。就哲学文化来讲，这个限度遵循的是伦理秩序，以防止或遏制人对于外在性或对象性目的盲目而顽固的追求。这里的问题不仅在于伦理界限，还在于享受本身的内在矛盾：享受就要便捷，而不断地便捷又腐蚀了享受的乐趣或情趣；自己动手太多算不上享受，但没有自己动手也就缺失了享受。因此，现实的困难在于避免或化解这个矛盾的"度"不好掌握。比如，现在的时髦越来越追求生活享受的"智能化"便捷，于是把开关冰箱、端取饮料、喂猫喂狗、孩童答题等生活琐事都由机器人代劳；玩滑板本来就是为了有些刺激、有些难度，现在却发明了所谓"智能体感滑板"，能自动调控上下坡、路面平滑或粗糙不平等多种状况。在这些情况中，如何确证人自己的"智能"和乐趣，甚至生存本分的"度"就都成了问题。

或许，今天最能体现便捷化的非伦理特性的行为就是吃饭。吃饭原本就是一个伦理行为，除了吃饱肚子的需要，还必须提供愉快或享受，所以吃饭不仅是个体的甚至私密的行为，而且还要求自己动手及其相应的形式（也就是仪式感）。如果都按照所谓科学计量、营养配置和规范制作的要求，或者网上点外卖的方式来吃饭，那也就和把自己当作现代化养鸡场和养猪场里的鸡和猪来喂养没有什么区别了。换句话说，这里的界限与自由的问题并不在于具体的吃饭方式，而在于"吃"和"喂"的伦理区别，所以只为了吃饱、便捷、营养合理或遵照所谓科学饮食规律，就是对"吃"的伦理特性的颠覆或摒弃，也就是自觉地把自己当成"喂"的对象的而不是"吃"的主体了。

如果赚钱驱动和科学技术以及相应的舒适便捷最终把人变成了与现在根本不同的新物种，那么界限与自由，至少是物质享受方面的界限与自由也许就会生成新的含义或内容，我们（如果还有"我们"的话）也就要重新看待这个问题了。在这个意义上讲，物质享受的界限和自由大体就是"应该"和"愿意"的矛盾或张力，比如所谓科学或健康生活，其矛盾在于选择，而界限则在于了无情趣。比如，且不说长生不老，即使是相当长的寿命（比如200岁）很可能也是违背人这个物种的伦理的。只要以科学的名义，所有的研究和发明就叫做"进步"，然而真正的问题在于，人真的需要、应该、能够无止境地"进步"吗？撇开伦理不谈，作为物种人是否会由于"进步"而毁灭呢——或者彻底变异？这个问题肯定是人的物质享受自由的终极界限，包括人对自己和地球的改变。

以上分别从道德和伦理的层面讨论了物质享受方面相应的界限与自由，相对说来，对支撑物质享受的财富的追求属于数量方面的道德问题，而对于物质享受方式的态度则属于性质方面的伦理问题。

然而从中也不难看出，道德和伦理共同的一点，就是竞争的自由。人的伦理包括人与自然的关系，但自然本身并没有合道德与否的问题，换句话说，道德是人的选择。因此，假定竞争是公正的，而发展的不平衡造成竞争的攀比和无止境，那么对于竞争的自由的界限就是"度"。如果说，这个"度"的道德性在于如何获得以及分配财富，那么它的伦理性则在于需要多少财富，甚至是否需要和应该"停顿"下来而不是永远"发展"。

"度"虽然很难把握，但它的一个重要特征就是"快"。几乎所有的赚钱和便捷化都要求"快"，并且没有最快、只有更快，全然没有认识到（应该说为了赚钱故意视而不见）这些"更快"的结果就是人的根本异化，即不会休息了，就连"慢生活"的广告也是为了更多的人更快地去旅游。这类问题的实质就在于人这个物种要到哪里去，所以它甚至超越了信仰和制度，成为物质层面界限与自由关系的终极性。比如，当科学技术想方设法探寻宇宙"奥秘"的时候，是否应该意识到"奥秘"本身就是伦理秩序之外的东西，所以从人是地球的产物以及和地球一体化的生物来讲，希冀解开宇宙"奥秘"、掌握其"规律"从而满足人的需求（比如离开地球甚至太阳系去生存），是否也是违背伦理的。

上述问题在各方面都显出了手段与目的的互换，以及悖论式的否定之否定。就道德来讲，比如市场是手段，但为了赚钱，市场就是目的。由此生成的悖论是显而易见的：用市场作为手段（或目的）是对的，用市场作为手段（或目的）是不对的。就伦理来讲，比如"改造"作为人的本性应该是目的，但物质享受却将"改造"变成了手段。事实上，这些循环变换本身就是一种矛盾或矛盾的展开：一方面使得伦理的矛盾和悖论都服从于物质享受，另一方面则是盲目物质享受的伦理变异心态。这种心态就像广告说的那样，"让用的水放心一点，再放心一点"，全然没有想到这种"放心"的物质和技术支撑是否"真的"有保障，比如说饮用的水是否"真的干净"了，甚至饮水是不是"真的"越干净越好并越能让人放心。由此生成的悖论可以表述为：无止境的物质享受是违背伦理的，为支撑享受的财富和技术以及便捷化设置底线是违背伦理的。

不仅是悖论，物质享受甚至带来了伦理和道德之间的矛盾。比如，消灭或杀死病毒对人的健康是合道德的，但就人和自然的整体伦理秩序来讲，病毒也要活命，所以面对医药的逼迫打压不得不加速"进化"，包括产生相应的抗体，或者变异等方式。美国《病毒学方法杂志》2020 年 2 月号就有多名科学家撰文指出，新冠病毒是自然进化的产物。[①] 这种情况表明，"进化"并没有道义为善或科学进步的性质，所以很可能伴随着医药和医疗技术的不断进步，新病和怪病也层出不穷，其速度和规模以及灾害程度往往都让人措手不及。事实上，这正是合乎道德地破坏伦理秩序的典型实例，而且正是出于维护健康的目的，这种"破坏"才是一种迫不得已，手段和目的的互换也才显现为伦理和道德矛盾的一种恶性循环。

---

① 新冠病毒系自然进化产物 [N]. 参考消息，2020-02-20（7）.

三、精神创造

可以认为精神是一种观念性的东西，就像认识、理论、要求、情感一样，但不同的是，精神还是一种不受制约或阻碍的状态，而本节"精神"的含义指的就是这种状态。所谓不受制约或阻碍并不是指某种力量或行为的程度和范围，而是指界限与自由的关系的协调一致，也就是能够将"意思"本身精神化。比如，说某人很"乐观"就是在说某种精神，它不可比较，甚至也不可表述、分析和定义，仿佛"直接地"就被"明白"它的意思的人所感知到了。由于这种精神化本身也是一种结果、一个中介，所以相应的活动从特征上讲属于精神性创造，从内容上讲也就创造了精神。

各种具体的精神化包括很多方面，比如宗教、信仰、心理等，不过它们共同的特征，就是摆脱或突破语言的界限。这方面的典型形态就是审美性的艺术，因为艺术不仅超出语言的局限，甚至无须"解释"，从而以精神创造的方式使界限与自由达到协调一致。我曾经说过，把美学作为哲学学科的一个分支或方向其实是一种误解和胆怯，因为哲学管不了在它领域之外的"美"。简括地说，美是一种没有比较级（也就是没有"更"）的境界或心境，所以审美就是为了自由并以自由的方式来实现自由的活动，而艺术则是这种自由实现的各种"完满形态"。① 因此，如果说日常言语验证着神秘、

① 孙津.在哲学的极限处——自由美学论纲 [M]. 北京：中国文联出版公司，1988：16、206、219.

物质享受体现出别样的辩证法，那么艺术谋求的就是对于这两方面的超越。艺术对日常言语的超越，是指艺术将非语言性的神秘本身作为精神的运作对象和内容，所以神秘作为精神的特征也就不再神秘了；而其对物质享受的超越，在于艺术的特性是非物质的，甚至物质载体也构不成艺术意义。这些超越表明，艺术是精神创造，既是精神本身的创造，也创造精神，其突出表现或形态，就是审美境界。

可以从两个主要方面来理解艺术的非物质性，即审美意义和作品无价。艺术作品当然有各种物质性的表现形式或展示方式，但这些形式或方式的艺术性并不在于物质材料本身的选取及其安置方式，而是由各种因素（包括物质因素）所引起或实现的审美意义来确证的。换句话说，不仅作品的"内容"和审美意义的存在形态都是观念性的，而且正是具体的审美意义才构成了作品的艺术性质、特征和风格。至于作品无价，主要是相对物质性商品而言的，也就是无法用常规的（比如平均劳动量或劳动时间）标准为艺术作品定价，也不能用物质价格（主要金钱）来衡量艺术作品的审美、艺术、社会、文化、收藏等各种价值。当然，艺术品在实际买卖中总是有价格的，但不仅这些价格没有固定标准，甚至随意变动，而且拍卖、炒作等各种获利手段更是艺术市场的常态，也就是艺术和艺术作品无价。

从审美的自由特性和要求来讲，艺术超越日常言语的真实含义，在于摆脱"表述"或"描述"精神的界限，也就是通过艺术形式（比如创作、欣赏）直接达到精神。很难认为这种"直接"就是神秘或非理性，但它的确是相对理性而言的，也就是"形象"在审美活动中的整体性作用。对此，俄国文艺理论家别林斯基就说过，诗人和艺术家的创作方法在于"形象思维"，所以对于同一件事，"哲学家用三段论说话，诗人则用形象和图画说话"。[①] 所谓"形象"，其实就是事物（主要是人物）的"样子"。这些"样子"是真实的还是想象的或虚构的并不重要，重要的是它们被作为真实的存在和行为，不需要语言表述而直接地、整体性地呈现（表现、展现）出相应存在和行为的"内容"及其"意义"。在形象思维中，"神秘"不是不见了，而是被艺术运用了。

不管"形象思维"这个表述是否准确，什么叫做艺术确实是很难说的，但有一点是清楚的，就是艺术不必言说符合语言规范的"真话"，也不必表现现实存在的"真实"。艺术之所以能够这样做，或者说具有这些特征，在于它只创造真实的精神。由此，这里把艺术作为精神创造的代表或典型形态，讨论分析三个最基本的艺术类型，即文学、音乐、美术方面的界限与自由情况，而它们在精神创造方面有一个共同之处，就是都和超越语言和消释神秘直接关联。

从文学的主要类别或样式小说来看，文学的特性以及作品的内容都在于"讲故事"，包括有行为和情节的以及纯粹精神展现或游戏的各种故事形式。也许正因为如此，也就是这些故事的构成一般都离不开语言、人物和事件等要素，所以文学一般不被作为艺术

---

① 武蟊甫主编，西方文论选：下卷 [M]. 上海：上海译文出版社，1979：390.

门类，而属于"社会科学"。确实，思想性、现实性、道义性这些
"社会性"因素，往往是判定文学作品的水平、质量、价值高下的
重要、主要甚至惟一标准。从这个意义上讲，文学虽然直接使用语
言，但其特性和成就并不在于语言本身。对此，美国语言学家萨丕
尔认为，"有多少种语言就差不多有多少种文学风格的自然理想"，
但是，"如果没有文学艺术家出现，那主要不是因为这语言是薄弱
的工具，而是因为这个民族的文化不利于产生追求实在有个性的言
辞表达的人格。"① 也就是说，对于文学艺术来讲，语言只是其成
就高低的形式因素之一，而民族、文化、历史、事件等甚至是更为
重要的内容因素。

然而，无论文学作品的内容如何，它成功与否的一个基本前提，
就是人们是否喜欢阅读（欣赏）它所表达的"故事"，而这才是文
学的艺术性，也就是编故事和说故事的方式和本领。正是在这两个
方面，文学超出了日常言语的实用性，或者说成为一种语言艺术，
即作者不仅需要构建或编撰某个吸引人的故事，更需要运用能够使
人感兴趣和愉悦的言语方式。换句话说，文学的"艺术"特性归根
结底仍在于对语言界限的超越，或者说对"神秘"本身的运用。如
果想一下表演（话剧、电影等）艺术的情况，这种艺术性就更清楚
了：同样的语言（台词、对白等）由不同的演员来表达的效果（对
观众或听众的吸引并产生的美感）是完全不一样的。至于那些不讲

---

① [美].爱德华·萨丕尔.语言论[M].陆卓元译，陆志韦校订，北京：商务印
书馆 1985：204、206.

故事，比如只抒发情感的文学样式，它们所运用的就更加不是日常言语了，尤其是诗，还要包括歌唱、吟诵等"音乐"因素。其实，柏拉图早已说过的名言就是这个意思："优美的诗歌本质上不是人的而是神的，不是人的制作而是神的诏语；诗人只是神的代言人，由神凭附着。"①

音乐作为艺术门类是没有争议的，尽管音乐的起源仍是个复杂的问题。就音乐和语言的关系来讲，最直接的相同之处就是声音，但问题在于音乐可以有语言（比如歌词），也可以没有语言只有声音（曲子、乐器）。在此意义上讲，"声音"本身就是音乐的界限，音乐不能没有声音（心里"默唱"也是一种声音，不过是由对声音的记忆提供的），但音乐的意义（意思）却是自由的。不管这个意义是什么（比如是"情感"），但它的自由特性至少体现为少有"翻译"的界限，也就是所谓音乐无国界的真实状况。事实上，无论音乐诞生的原因是什么，也无论人是否因为不满足语言的交流或发声的界限才"歌唱"的，总之这种叫做音乐或歌唱的声音的标志都在于"旋律"。

旋律作为一种自足自为的声音形态超越了言语的发声界限，也就超越了神秘，同时也就作为音乐的特性给现实的音乐创作及其作品赋予了生命和活力。然而正因为如此，具体音乐创作的根本界限并不在于旋律的"好听"与否，而在于什么样的旋律对应什么样的精神"内容"（比如情感、思想、审美），以及人是怎么"获

---

① 武蠡甫主编，西方文论选：上卷 [M]. 上海：上海译文出版社，1979：19.

得"或"知道"这些内容的。对此，匈牙利音乐学家本采认为，旋律使音乐从口语和吟咏中独立出来，同时又保留了说话的情感和思想交流的微妙变化，所以音乐家只要是自觉的创造者，"他就是自由的"。① 在这方面，同一篇歌词可以被多种旋律"谱曲"的事实，很典型地展现了音乐创作中界限与自由的关系，及其对神秘的运用和消释。换句话说，"曲子"的自由大大超出了"歌词"的界限，但是反过来说，即使没有歌词，对曲子的欣赏也总是可以生发或转换出相应的歌词来。

作为造型艺术，美术是用眼睛看的，所以也不需要运用语言，但是与音乐相比，美术作品的描述或表述转换性要强得多，也就是说，用语言来解释美术要比解释音乐容易得多。因此，从直观的方式和效果来讲，也许美术的精神特征更符合别林斯基所谓的"形象思维"。当然，这种精神特征或语言的转换在很大程度上是针对所谓"具象"的东西而言的，也就是由那种与现实存在、场景和活动相同的模样所表现出来的精神的"意思"。但是，现在的"当代艺术"已经完全摆脱了这种界限，甚至刻意用语言无法描述的造型来充当美术作品的内容和形式，而且其可能的精神"意思"也不易确定。很难说"当代艺术"是发展还是毁弃了美术，但对神秘的运作仍然是其突出的艺术特性，比如那些无可名状的造型或视觉（还可能包括听觉、触觉、心理等因素）对象，可能既反映了某种空间焦

---

① ［匈］萨波奇·本采. 旋律史 [M]. 司徒幼文译，北京：人民音乐出版社，1983: 2-3、221、241.

虑症，也展现了在把握和处理空间方面的界限与自由的张力。[①]

但是，中国的"书法"在美术中比较另类。如果从写出来的文字来讲，书法就是语言的物质形态，但它却运用字、词的"形象"获得了既摆脱语法规则，也摆脱言语"意思"的自由。言语虽然有声音，但它所运用的语言（字词）也有形状，不过仅就象形文字，尤其是中国的汉字来讲，形状似乎比声音更重要，因为它不仅仅是文字的形状，更是字词含义的"长相"。作为中国独有的艺术门类或形式，书法的界限是语言载体意义上的形状，而它的自由则是这种形状在美学意义上的长相。在这种界限与自由的关系中，有一个基本的连接或维系就是汉字（也就是语言）的"意思"。对于中国美术来讲，造型艺术就是这种"意思"的形象，所以早在元初赵孟頫就说过"书画本来同"。[②] 不过，书画同理同源的根据只是指中国画和中国字，所以就世界范围的美术来讲，这种情况本身就又是一种界限。

由上可以看出，界限与自由在艺术领域的一致性就是精神创造，但是双方并非没有矛盾，所以怎样创造以及能否创造就显示出界限与自由的关系的制约性。比如，从技术或操作层面讲，艺术创作大体有两种情况。一是以学习传统和基本功训练为基础，所以强调艺术"本身"或"规律"界限，甚至越有界限性就越能体现艺术特征和审美价值；另一是强调个人的才气和创造力，但这种随性而作的

---

① 孙津 . 空间减损境况中的艺术形象重塑 [J]. 美术，2018（2）：13-15.

② 王伯敏 . 中国绘画史 [M]. 上海，上海人民美术出版社，1982：387.

自由能否成功在很大程度上要靠碰运气，所以碰运气的"几率"就成了界限。的确，有才气不勤奋训练也很难取得成功，但没有才气即使勤奋训练也不可能有太大的或独创性的成就。在这种情况中，才气本身就是神秘，并作为艺术的精神创造因素（动力、能力、感觉等）在艺术活动中失去其神秘性。

值得注意的是，现在已经有所谓"智能"技术和设备，包括可以用它来"创作"小说、诗歌、绘画和乐曲。但是，这种情况或行为和上述精神创造明显不同，甚至也和精神无关，而是属于高科技的规则或程序及相应的操作。这些智能"创作"可能解构了神秘，或者说与神秘与否无关，然而正因为如此，它们是否还算作人的创作或艺术作品，现在还很难确定。

四、结语

日常言语、物质享受、精神创造当然不能囊括人的基本需要和欲求的所有方面，但已经能够体现哲学文化形态中界限与自由关系的主要类型，或者说界限与自由可以很适合地用来作为理解和表述这些情况的基本范畴。相对说来，上述的讨论大致可以分属哲学、伦理学、美学等学科方向，不过作为主观或自动意愿，它们关注的共同问题都是界限与自由的关系。

自由的本质就在于人需要对所有东西进行"改造"，而这差不多就是"人性"的真实含义。但是，无论自觉的和不自觉的改造，都必须以对改造对象（当然也包括人自己作为对象）的相应"解释"

和"认识"为前提，而这种情况就成为人的根本界限，尤其是意愿和行为方面伦理性质的界限。因此，真正的自由并不是随心所欲，而是对界限的"意义"的探索和实现，如果把这些"意义"只当成工具、手段以及方法本身，很可能就吞噬和消解了自由存在的价值。对于当今的哲学境况来讲，界限和自由始终都是如何理解和运作文化的两个最为基本的范畴，尤其是对于在所有方面都快速"更新换代"的文化。